专业主义

[日] 大前研一 著
裴立杰 译

ザ・プロフェッショナル

中信出版集团 · CHINACITICPRESS · 北京

图书在版编目（CIP）数据

专业主义 /（日）大前研一著；裴立杰译 .—3 版 .—北京：中信出版社，2015.7（2025.11 重印）
书名原文：ザ・プロフェッショナル
ISBN 978-7-5086-5166-8

I. ①专… II. ①大… ②裴… II. ①企业管理—经验 IV. ① F270

中国版本图书馆 CIP 数据核字（2015）第 094067 号

专业主义

著　　者：[日] 大前研一
译　　者：裴立杰
策划推广：中信出版社（China CITIC Press）
出版发行：中信出版集团股份有限公司
（北京市朝阳区东三环北路 27 号嘉铭中心　邮编　100020）
（CITIC Publishing Group）
承 印 者：北京通州皇家印刷厂

开　　本：880mm × 1230mm　1/32　　印　　张：9　　字　　数：120 千字
版　　次：2015 年 7 月第 3 版　　印　　次：2025 年 11 月第 27 次印刷
京权图字：01–2006–0486
书　　号：ISNB 978-7-5086-5166-8
定　　价：59.80 元

服务热线：400-600-8099
投稿邮箱：author@citicpub.com

目录

第三章　构思能力

第四章　讨论的能力

㊀导
㊀读

任何人都可以成为企业家

姜汝祥

在亚洲，真正称得上管理学家，真正对企业管理思想有贡献的，大概就只有大前研一了。这不仅是因为亚洲优秀公司的崛起也就是20世纪70年代之后的事，而且在于日本与韩国都是重经验轻逻辑的国家，当日本、韩国公司在国际上异军突起的时候，这两个国家的企业家并不相信什么商学院，甚至直到今天，日本、韩国也没有什么像样的商学院。这与今天中国企业家热衷于EMBA（高级管理人员工商管理硕士）形成了鲜明的对比。

但大前研一是个例外，我在美国哥伦比亚大学商学院学习的时候就听教授说，日本企业家很尊重一个名叫大前研一的管理专家，他也是唯一赢得西方企业家与管理学界尊重的亚洲专家。

他的优秀不仅在于他精通西方管理理论，因为他本身就是麦肯锡公司的咨询专家，更在于他是真正懂亚洲企业特殊性的管理专家，就这个意义而言，他更像一个有着社会学家视野的管理学家。

我的导师是一位研究日本企业的世界知名专家，我能够从她的眼神中感受到她对这位叫大前研一的专家的尊重。我相信，如果你读了这本《专业主义》，你就会懂得这种尊重从何而来，因为我们这些中国的读者，身处中国企业热火朝天的发展中，更加懂得这本书的深刻与价值所在。当大前研一强调“希波克拉底誓言”对于企业职业价值的意义时，我们仿佛又回到了“非典”时期，多少医护人员在这个誓言下献出了生命。而当时，也恰恰正是红包在医院流行的时候。

当有一种誓言，让人从“红包世界”中重新唤起职业尊严，甚至有人为此献出生命的时候，我们仿佛也看到了中国企业的未来——我们多么渴望中国企业家与企业员工也能够找到一种誓言，让他们恪守诚信，让他们崇尚公平竞争，让他们永不放弃对客户价值的追求呀！

由此我们也就懂了这本书对于中国企业的现实意义。因为大前研一在对专家的定义中强调的是，我们并不是因为专业技术成为专家，而是因为“向上帝发誓，以此为职业”——把顾客作为出发点而成为专家，所以，人人皆可以成为专家！

也就是说，专家以专业为前提，而专业是以业为前提，不是以专为前提的。什么是业？我们常说“成家立业”，在这里“业”指的是某种成就或结果。比如，做事是为了立“业”，所以叫事业。事在前，业在后，做事如果无业（没有结果），就等于白做。同样，行业也是行在前、业在后，但如果某一行不出结果，即无“业”，这个行业就不再存在。

既然专业强调的“专”是为客户创造价值，为客户创造价值就是业，那么把客户价值当成前提，就使业绩获得了独立——业绩价值并不因为老板的不同而不同，无论谁是老板，创造的业绩都是由市场制度与客户决定的。

这种独立性是现代职业经理人的根本支柱。所谓职业经理人，就是以市场制度与客户价值为行动准则，通过管理创造价值的那群人。如果没有市场制度与客户价值的独立性，就不可能有职业经理人的独立性，这是职业经理人宁可冒着被老板开除的风险，也要誓死遵循商业规则与捍卫商业道德的原因。

由此看来，在现代商业文明中的专业、敬业、职业等概念里，“业”是根本。我们从大前研一对日本的分析中可以看到，日本不具备“现代职业”传统，中国同样也不具备。传统的中国社会是一个以小农经济为主体的社会，小农经济最大的特点就是没有社会分工，大家守住一亩三分地，各做各的，老死不相往来。据说，有中国人曾经迁移到寒冷的某个岛上，以打鱼为生，但他们总要在山上敲开坚硬的冰层撒下种子，看是否能种出点什么，由此可见农业文化的强大。

既然没有分工，也就没有大范围或大规模的交易，有的只是自给自足。在一个自给自足的环境中，“业”没有什么固定的规则，没有规则，就只好用道德调节。

中国文化这种对职业的定义，与现代商业文化的定义有着本质的不同。现代商业文明中，业是清楚的，是第一位的，这才有对事（业）不对人（职）。而在传统中国文化中，业不清楚，但人却是清楚的，这就是权谋思想的来源：对人不对事，没有一个客观的标准，那就只好用道德或权谋来调节。这就是为什么即使是在今天这种充分竞争的市场，也有相当多的中国企业家在管理中把“专”放在第一位，把“业”放在第二位。因为在他们看来，没有对个人的忠诚，“专”就毫无意义。所以，我们大可怀疑目前相当一批强调以“德”治理公司的企业家，他们对德的解释多半就是对他们的忠诚。

所以，在接触了太多企业家的“造神”运动之后，我提出了一个概念，叫“企业家第一推动”。企业家的自我革命，是“上帝之手”，是企业职业化的第一推动力。但难也就难在这里，你要企业家革别人的命，这不难，但革自己的命，那就难了。可做企业如同跑马拉松，哪一个优秀运动员不是赢在对自己极限的突破上呢？

所以，我宁愿大家把我这段提醒，作为研读大前研一这本书的一个注解，这样你会发现这位天才管理大师的思想智慧，对我们今天的企业有着莫大的帮助。比如当我读到他强调没有纪律前提下的管理教育是无用的教育，我就对目前企业家热衷EMBA现象有了新的认识。

如果这种认识让我们对中国企业的未来感到悲观，那我们也能够从大前研一的预言中找到安慰——任何人都能成为专家。是啊，既然人人皆可以成为专家，那么，我们为什么不可以预言“任何人都可以成为企业家”呢？

这个预言至少使我们不再相信那些当红企业家的总结，因为我们知道了决定成败的不是权势金钱，而是“业”——现实中活生生的客户价值！

现在的书太多了，真的是看不过来。如果你今年下决心只读一本书，那就选这本吧！

前言

预言将自我实现

我想做出这样的预言：“专家阶层的势力迟早会增强，并动摇日本的产业界。”

在职业化的时代，资本主义越来越纯粹，自由竞争越来越健全，真正拥有实力的人越来越受到推崇。企业家无处不在，他们根据问题、情况和优先顺序，利用知识与技能解决问题。努力钻研、力求在更高水平上解决问题的专家不断增多，这正如计算机处理信息的能力在不断提高一般。如今，这样的时代正在到来。

各位读者，你们听说过“预言的自我实现”这种说法吗？这是美国社会学家罗伯特·K. 默顿提出的一个概念，他是罗伯

特 · C. 默顿的父亲。罗伯特 · C. 默顿曾经与迈伦 · 斯科尔斯共同获得诺贝尔经济学奖，是 1998 年破产的投机性投资集团——美国长期资本管理公司（LTCM）的创始人之一。这种说法指的是以没有确凿证据的预言为契机，唤起一种新的行动，这种行动最终使起初的预言变为现实。基于此，我做出了文章开头的预言。

被称为“专家”的这个社会阶层并非与生俱来，而是由真正拥有实力的人组成的。我之所以做出这样的预言，是因为我非常希望这个社会阶层的势力增强，能够有越来越多的人才挣脱羁绊，提高效率，为 21 世纪的日本开辟道路。

例如，参议院准备在日本国会召开第 162 次定期会议时通过《邮政民营化法案》，自民党的执行部门要求各家媒体在审议还没有结束时不要报道说“难以通过”。正如他们所担心的那样，“难以通过”的预言最终实现，对此人们依然记忆犹新。

众所周知，我一直毫不客气、锋芒毕露地表明自己的意见，因此被认为“蛮不讲理”或“性情乖僻”。为此，那些旧秩序的守护者多次批评我说：“你那么说，真的就会变成那样。”的确如此，回顾过去的 1/4 个世纪，尽管并非百分之百准确，但我的发言与构想有不少都变成了现实。

但本书的写作目的并不在于做出预言，而在于强调培养专家的方法。我从对专家的体会谈起，对成为专家的理性的平台（基本条件）做出详细的论述，因此，不要期待我会告诉大家如何成为专家。不经过思考便想成为专家，这不是专家应具备的态度。学习当然必不可少，但真正的专家首先要理解专家的基本条件，然后再去思考如何成为专家。

因此，我在归纳总结本书时，对当时自己连载于《哈佛商业评论》上的文章内容产生了怀疑，最终我重新确定了写作的理念，删掉了大部分内容。

我以前是一名核工业工程师，进入从事商业咨询的麦肯锡公司工作，也许是缘分所致。我没有上过商学院，作为一名商务专家，只能靠自己独创的一套在失败中不断摸索。因此，我希望通过本书，向此后肩负日本社会重任的各位商务专家介绍自己成长过程中的体验，也就是专家所要求的最低限度的思考方式。不过请大家切记，一定要用自己的头脑思考，而不要囫囵吞枣地阅读我的文字。

本书的底稿是2004年7月开始连载于《哈佛商业评论》的文章。在三四十岁的那段异常忙碌的岁月里，我经常阅读这本杂志的英文版。因为我的大部分客户都阅读这本杂志，我想与他们就杂志中出现的见解和组织框架进行一番讨论。既然是商务专家，那么不熟读《哈佛商业评论》恐怕不太合适。在熟读这本杂志的基础上，我还可以发表文章，与那些作者就某些观点相互切磋。事实上，与其按照杂志上所写的内容进行“空拳攻防练习”，倒不如实际参加拳击比赛，或怀疑，或反驳，或颔首，这样做将更有意义。

最后，我再提出一个预言，那就是：“任何人都能成为专家。”

第一章 你够专业吗？

专家要控制自己的情感，并靠理性而行动。他们不仅具备较强的专业知识和技能以及较强的理念，而且无一例外地以顾客为第一位，具有无穷的好奇心和永无止境的进取心，严格遵守纪律。以上条件全部具备的人才，我才把他们称为专家。

专家的定义

专业技术人员与专家看似相同，实际上却并非如此。

经常有人问我："近些年来总是听您在谈专家，那么，您是怎么定义专家的呢？"泡沫经济崩溃之后，也许是由于我对大家的提醒多少起了些作用，在商务人士中，一种健康的危机感正在蔓延，大家感到"国家和社会已经靠不住了"，提升自身价值的现象正在萌芽。与此同时，对于"专家"这个看着爽目、听着悦耳的词，大家使用得越来越频繁了。

我认为，在重新认识自身市场价值的过程中，"专家"这个词是象征性的，对于激励自己向更高的境界迈进，它只能起到一个升压器的作用。我们不得不认为，正是由于大家随便使用，这个词已经远离了其核心意义。例如，企业的领导者经常在迎新会或员工大会上发布指示，“请大家成为这方面的专家”，这显然是错误地运用了这一概念。这种情况下的专家指的是专业技术人员，专业技术人员与专家看似相同，实际上却并非如此。

追根问底是了解某个事物本质的捷径。那么，在我宣布我所认为的“专家”的定义之前，请先看看我“搜索”到的人们的一些普遍认识：

- “凭借专门的知识和技能获得报酬的人。”（的确如此。）
- “不仅是在公司内部，从公司外部来看，也具备第一线通用的专业知识和实际业务能力。”（有道理。）
- “能够发挥应有作用的人。”（当然如此。）
- “对自己的工作怀着理想和自豪感，并且不断努力。”（这一点很重要。）

除此之外，还有“道德感强”“具有坚定的自信心”“贯彻自己的信念”等各种认识，总而言之，大家对

“专家”的共同看法是“具备较高的专业水平”“自立和自主”“高绩效”。以上任何一种理解都没错，但又都不够准确。

我进一步考察了美国移民局在为非本国居民发放签证时设定的职业类别。从适用于外交官的 A 类到从事宗教工作的 R 类，签证共分成 18 类。我们来看一下适用于专业技术职位的 H–1B 类。

要想申请 H–1B 类签证，必须满足以下条件之一：在可获得签证的专业范围内，获得学士以上学位；拥有前往就职州的批准文件；拥有与以上两点相当的专业知识和经验。职业范围为建筑学、工学、数学、自然科学、计算机、生命科学、社会科学、医学或保健学、教育、博物馆学或图书馆学、法学、神学、写作、艺术、音乐或演艺、时装模特，此外还包括企业的经营者和管理者。总而言之，以上分类几乎相当于企业中所有的白领职位，因而无法参考。

被遗忘的“对顾客的誓言”

“专家”一词的词源本是profess，意思是“向上帝发誓，以此为职业”。

大家看过美国非常流行的电视剧《急诊室的故事》吗？这部电视剧是以芝加哥的一家综合医院为背景拍摄的，即使大家没有看过，恐怕也听说过，它是由迈克尔·克莱顿和史蒂文·斯皮尔伯格联合制作的，他们曾以《侏罗纪公园》而闻名于世。从1994年开始，这部电视剧曾108次获得艾美奖提名，21次获奖。

我不是华纳兄弟公司或日本广播协会的宣传负责人，详细的信息由他们来提供，在此我想提及的是在《急诊室对于从事各种专业技术工作的人，区分出哪些人是专业的，哪些人只是徒有虚名，这才是“顾客至上”。

的故事》中出现的“Oath”（誓言）这个词。它的准确说法应该是“The Oath of Hippocrates”，在医学界被称为“希波克拉底誓言”，是在医神阿波罗以及埃斯克雷彼斯等诸神面前宣读的誓言。希波克拉底誓言的具体内容有9条，在医学院中，立志成为医生的学生要依照这一誓言宣誓。

这9条誓言对于思考职业化问题也有着深远的意义，在此我想介绍一下。请大家在阅读过程中把医生作为“职业”，把患者作为“顾客”来考虑。

1. 请允许我行医，我要终生奉行人道主义。

2. 向恩师表达尊敬与感谢之意。

3. 在行医过程中严守良心与尊严。

4. 以患者的健康与生命为第一位。

5. 严格为患者保守秘密。

6. 保持医学界的名誉与宝贵的传统。

7. 把同事视为兄弟，不因患者的人种、宗教、国籍和社会地位的不同而区别对待。

8. 从受孕之始，即把人的生命作为至高无上之物来尊重。

9. 无论承受怎样的压力，在运用自己的知识时也不会违背人道主义。

“专家”一词的词源本是 profess，意思是“向上帝发誓，以此为职业”。希波克拉底誓言正是如此。

医生、药剂师和护士要对人的生命负责，律师要对人类行为的善恶做出判断——从事这些职业的人自古以来被视为专家，后来专家的范围扩大到会计师、税务师、大学教授和普通教师等取得了国家资格认证的人，并且作为普遍的认识而被人们所接受。不过显而易见，人们对专家的这种认识并不适应时代的发展。从某些事例中，我们也能看到专家的作用并非如人们所认为的那样。

例如，有些医疗事故让人怀疑医生是否真正具备行医资格。一旦发生医疗事故，医院院长和医生就只会召开青木利晴先生从1996年到2002年担任NTT数据公司的社长，他有一句名言："对顾客信守誓言，自己则严守规定。"

记者招待会赔礼道歉，医生的体面荡然无存；"等候3小时，看病3分钟"——每当耳闻目睹医院的此类做法毫无改进，我便不由得怀疑希波克拉底誓言究竟在起什么作用。此外，在背后操纵着华尔街的大型律师事务所，以及为了金钱而歪曲事实的律师也让人感到面目可憎。从某种意义而言，法律是一个非常可怕的领域，它有可能仅仅依靠不同的解释而改变我们的人生。

此外还有会计师。安然公司爆出丑闻，西武铁路集团和日本钟纺株式会社伪造财务报表，在此类事件中我们显然看不到专家的身影。在美国，开始出现以Quicken为代表的家庭账簿软件，会计师和税务师等专业人员提供的大部分财务服务转化为商品，像洗衣粉和牙膏那样无处不在。日本早晚也会出现这种情况。

总而言之，专家已无法再根据职业的种类而定义，有专业的医生和律师，也有只通过国家资格认证的徒有虚名的医生和律师。反过来说，资格只不过是一张纸而已，如果不是真正的专家，便如“脚底的米粒”，捡起来也不能吃。

对于从事各种专业技术工作的人，区分出哪些人是专业的，哪些人只是徒有虚名，这才是“顾客至上”。几乎所有针对专家的定义都把焦点对准知识和技能，而忽略了顾客的存在。我认为那些定义都不够准确，其原因正在于此。

1990 年，在出版《无国界的世界》这本书之前，我在《哈佛商业评论》杂志上发表了一篇论文，名为《在无国界世界中的管理》（在欧美有一个惯例，就是作者在自己得意的著作出版之前，先在杂志上发表文章，以吸引读者注意），当时该杂志的总编、哈佛商学院的塞奥德尔·莱比特教授对我非常关照，他一语道破天机：“企业通过商品与服务销售其誓言，那是百分之百地让你满意，顾客购买的就是这种誓言。”青木利晴先生从 1996 年到 2002 年担任 NTT 数据公司的社长，他有一句名言：“对顾客信守誓言，自己则严守规定。”

麦肯锡公司的价值观是“把客户的利益放在第一位”，无论是有经验的老人还是新人，都要彻底贯彻这一价值观，严禁从个人或公司的利益出发而做出决策。如果打破这条戒律，不管你是多大规模工程的负责人，都会失去周围人的信任，不仅会受到轻视，还会因此被解雇。

顾客无处不在

官僚就是公仆，所谓“官僚主义”，应该可以理解为为社会和他人而献身。这个词被赋予贬义，真是一种讽刺。

以前经常能听到上司对下属，或者老员工对新员工说：“你的工资是顾客给的。”这种说法非常正确，但最近已经不常听到了。那么，这里的“顾客”究竟指的是什么人呢？对生产消费品的厂商而言，毫无疑问，顾客指的是终端顾客，他们最终消费厂商所提供的商品和服务，而与这些终端顾客有着直接联系的零售企业也可以称为顾客。

但在此有一件事会令人进退两难。满足终端顾客的需求却不一定能满足零售企业的需求；反之，满足零售企业的需求也不一定能满足终端顾客的需求。因此，能够满足终端顾客和零售企业两方面需求的东西也许可称为畅销商品，不过厂商不一定能生产出这种商品，而且即使满足了这两方面的需求，也可能是非畅销商品。

那么，如果顾客是企业，也就是所谓的B2B（企业对企业）的情况，又如何呢？一般人会把提供商品和服务的部门当作顾客。然而，从半个世纪以前开始，在B2B的世界里，便有人指出思考“顾客的顾客”的重要性。以信息技术厂商为例，信息系统部门为直接的顾客，顾客的顾客是公司的社长，有时则是全体员工。对医疗器械厂商和制药公司而言，医生和医院的事务部门为直接的顾客，顾客的顾客则是患者。顺便提一句，如果是前面提到的生产消费品的厂商，消费者则成为直接的顾客，同时也是零售业这个顾客的顾客。

不过，经常有人说在B2B的世界里没有市场销售，反过来说，几乎没有任何一家企业看到顾客的顾客的需求。事实上，企业的负责人只考虑如何让直接的顾客满意，如果出现了竞争对手，便想方设法消灭竞争对手。既然有这通过考虑顾客的顾客，可以把目标领域扩展到其他行业，这就为重新审视现有的方法提供了契机，并且有可能赢得机会，为直接的顾客提供独特的价值。

么充沛的精力，真应该认真地做点儿别的事情。边打高尔夫球边进行商业谈判，这种行为在一流企业的管理中是被禁止的。有些人认为这种做法理所当然，但如果这样的人身居高位，那么他就很容易犯错。

由此导致的不当行为之一便是“事前协议”。有些管理者经常谈到双赢（也就是互利）的关系非常重要，对此他们毫无异议。这种“事前协议”的目的便是双赢。

毫无疑问，“事前协议”是违犯反垄断法的。然而，对作为订货方的顾客而言，与新加入者相比，他们要向有经验的行业成员支付更高的成本，但这样做能够进一步加深生意上的关系，容易预测对方的实力，从而降低风险。不过，正如我在前面所提到的，这种做法不仅与反垄断法相抵触，而且与职业道德相背离。这是因为这样做不仅没有考虑顾客的顾客，而且还妨碍了顾客获得最大价值。如今，依然存在“事前协议”的行业无一例外都很封闭，没有产生良性循环，因此竞争原理无法发挥作用，这些行业便与竞争原理作用下的产物——技术革新无缘。

反之，通过考虑顾客的顾客，可以把目标领域扩展到其他行业，这就为重新审视现有的方法提供了契机，并且有可能赢得机会，为直接的顾客提供独特的价值。不过，任何人都会受到组织常规的束缚，倾向于遵守行业习惯，不去打破常规，这些人就像山崎丰子的《白色巨塔》和手塚治虫的《怪医黑杰克》中塑造的医务室工作者一样。

此外，总务科、人事科、财务科、经营企划科、法务科以及宣传科等部门不直接生产产品，但它们也有自己的顾客。在这些部门工作的人被称为职能部门的员工，他们对经营者而言有着举足轻重的作用。因此，他们的顾客也可以说是经营者，或者说是经营者指定的董事会，甚至可能是选出这些董事的股东。

事实上，由于和经营者距离较近，他们容易像高级官员那样指手画脚。他们依仗自己经营者代理人的权力为所欲为，监视普通员工，有时像法官那样对事物进行裁决，有时在组织内部暗中活动，这就是官僚主义。他们以普

> 为了保障安全，必须有人能够在意外事故发生的瞬间做出果断的处理，这样的人正是专家。

通员工无从知晓的公司内部消息以及条文烦琐的规定为盾牌，扩大自己的势力，管理并控制别人。

然而，官僚就是公仆，所谓“官僚主义”，应该可以理解为为社会和他人而献身。这个词被赋予贬义，真是一种讽刺。

我曾经是核工程学的工程师。人们恐怕没有忘记1979年3月的三里岛事件和1986年4月的切尔诺贝利事件，在进行安全教育时，我们总是举出核爆炸事件的实例引以为戒。基于以上经验，我认为虽然我们依然要按照规则和规定进行安全教育，但一定要注意不要在不知不觉中把遵守这些规则和规定作为一种目的，否则容易滋生官僚主义。

如果管理者认为“注意安全是理所应当的”，就容易对逆趋势而动的倾向与错误视而不见，只依靠手中的鞭子进行管理。我们无法想象原子堆可能发生事故的所有情况，几乎所有的事故都是在未曾设想到的情况下发生的。也就是说，为了保障安全，必须有人能够在意外事故发生的瞬间做出果断的处理，这样的人正是专家。

忠于职守并为担任组织重要职务的经营者提供价值，这种说法听起来非常动听，但不直接生产产品的部门却不应该是“企业内部的官僚”，而应该被称为“公司内部的服务部门”（“service”这个词的本义为“侍奉上帝”）。总之，经营者自身就是顾客，而其他员工也是与经营者地位平等的重要顾客。话虽如此，大家却还是看职位高的人的脸色行事。

不过，这也是合乎情理的。普通的董事在自己的部门颐指气使，但在掌握着生杀予夺大权的社长或会长面前却以“沉默是金，雄辩是银”为座右铭，摇身一变，成为忠实的“良犬”。

然而，如果要求普通员工也对高高在上者察言观色，可以断言，这样的组织是缺乏职业精神的，而且有时还可能出现利益冲突。这是一个严峻的问题。

首先解释一下什么是利益冲突。那些被称为首席执行官或首席财务官的经营者，他们或者是股东，或者负责公司的经营，如果他们有损害股东利益的非法行为，则被视为未能履行“受委托者的义务”（所谓经营者，是指由股东委托其经营的人，是受委托的角色），这就是利益冲突。

被视为利益冲突的范围非常广泛，无法一概而论，但仅就这些年发生在美国的诉讼案件与司法交易来看，我们可零散地看到一些严峻的事例。

总之，那些仅仅按照公司的规定采取行动的人，不仅无法被称为专家，而且也不利于公司的发展。因此我们应该铭记，从事任何工作都要首先确定自己的顾客，并发誓为顾客做出贡献。

例如，葛兰素史克公司由于不想消费者知晓，而没有公布该公司抗抑郁药的临床试验结果，因此支付了 250 万美元的和解金。世界上最大的保险经纪商威达信公司由于给大型保险公司的商品提供了一些优惠而被起诉。更有甚者，日本美林证券公司内部的证券分析师和投资银行部门由于被怀疑相互勾结，而不得不支付了 1 亿美元的和解金。

以上几个案例都是由斯皮策裁决的，他是纽约州的总检察长，在 2004 年年底成为纽约州州长的候选人。我们在深感“法律要看如何解释”的同时，以斯皮策的标准来衡量，几乎所有的日本企业都是利益冲突的巢穴。因此如果在日本进行司法交易（在日本，司法交易尚未得到认可），那么很快便能筹集到1万亿日元。

关于授权的误解

被授予权力、行动获得自由后，人们容易任意行事。这一现象的出现是由于只强调授权的一面，专业主义这辆车的两个车轮未能同时运转。

管理者一般认为，在培养下属方面，与其手把手去教，倒不如“授权”，也就是扩大他们的权限，让下属凭自身的能力去解决问题。的确，要想使下属潜藏的能力得到释放，与其频繁地下达指令，倒不如相信他们潜在的能力、发挥他们的主观能动性产生的效果更好。每个人都愿意按照自己的意志，而不是他人的意志行事，这两种情况产生的干劲儿是截然不同的。

的确，日本的组织中长期以来形成了一种上情下达的文化，上司下达命令，下属服从命令，如今这样的企业依旧很多，而且这种情况并不仅仅局限于企业范围。我们每个人可能都曾经被上司的错误判断或心血来潮的决定搞得不知所措，有的企业由此导致事业走下坡路，有的企业则陷入生死存亡的危机。

当今时代，无论是怎样的超人，独自一人都无法处理全球范围内的信息和知识，如果不授权给下属，不仅上司会不堪重负，还会给事业带来恶劣的影响。因此，授权已成为时代的需求。

IBM 2002 年上任的首席执行官山姆·帕尔米萨诺指出："依靠组织结构以及经营者的指示，最大限度地发挥 IBM 的实力是不太可能的（IBM 在全世界共有 20 多万名员工）。这就要求我们必须在支持每一位员工通过正确的方法做出正确判断的同时，把权力交给他们。"

那么，把授权作为下属的权利（得到授权）与上司的义务（做出授权）来考虑又如何呢？请从职业化的角度重新审视一下被授予权力的人以及授权的人。

倾听关于授权的讨论，我们会发现其中缺少了"顾客的情况”。换言之，大家讨论的仅仅是上司和下属的关系，或者是公司与员工的关系，比如有人会说“不让我做这项工作”，或者是“不让我自由地去做”。姑且不去考虑上司愿意授权给谁的问题，我倒有几个问题想问问这些人。

- “权限扩大了，你能够给顾客提供怎样的价值？”
- “你自身具备使用新权力的能力和技能吗？”
- “能力和技能不足，无法熟练运用新的权力时，你该怎么办？”

可能有人会反驳说，这些问题在没有得到授权之前无从知晓，未得到授权，是无法掌握新的能力与技能的。的确如此，人都是在反复犯错中成长起来的，俗话说“失败是成功之母”。另外，被授予新的权力后，有的人会与以前判若两人，充分展示出自己的才能，这也是事实。尽管如此，我还是想说，对你而言，失败是成长的食粮，而顾客却无法忍受你的失败。

被授予权力、行动获得自由后，人们容易任意行事。这一现象的出现是由于只强调授权的一面，专业主义这辆

> 追求权力容易，要想保持权力则非常困难。很多人一直吵嚷着要得到授权，而一旦得到了权力，便开始一味地埋头于工作。

车的两个车轮未能同时运转。

授权的确至关重要，但是有一点希望大家扪心自问：你是否做好了接受权力的准备？你能否以新的权力为武器，解决顾客的问题，为顾客提供独特的价值？你是否有为此而学习掌握必要的能力和技能的欲望？在不得不借助他人（如比自己年龄小的人或是与自己关系不太好的人）的力量时，你能否放得下自尊心？

追求权力容易，要想保持权力则非常困难。很多人一直吵嚷着要得到授权，而一旦得到了权力，便开始一味地埋头于工作，目的仅仅在于自我满足，这与专业主义的精神是背道而驰的，至少也应该利用得到的权力为顾客服务。

如果感到自己确实需要权力，并且能够运用手中的权力为顾客服务，我们就应该去争取权力，而不是等待上司授予自己权力。日本 IBM 有一位叫内永由佳子的专务执行董事，在她还是新员工的时候，《男女雇佣机会均等法》尚未制定，公司禁止普通的女性职员深夜加班。为了完成工作，她曾经躲在女厕所里加班，这件事非常有名。她向当时的上司仓重英树请求道："我想多做些工作，请给我一个管理职位。"

小鸟张大嘴在巢中等待老鸟来喂食，而长大后就自己去觅食了。如果你为自己是专家而感到自豪，你该如何去做，答案已不言自明。这也是对"未长大成人和长大成人有什么不同"这个问题的回答。

授权行动也要求授权者即上司同样做好思想准备。如果按照社会上普遍的做法或是为了讨好下属而轻易地授权，那么当给顾客带来麻烦或惹恼顾客的时候，授权者该怎么办？怪罪下属、佯装不知是非常荒谬的。至少应该在真诚

我认为正确的做法应该是这样的：授权者应在认清下属的能力和技能并考虑到此人今后发展的基础上，确定合适的权限范围，把握下属现有的能力水平与权限所要求的能力水平之间的差距，做好亲自缩短这种差距的思想准备，然后再把权力交给下属。当然，切记不要连累顾客。

> 所谓授权，就是对下属进行投资。如果仅从回报的角度，即从对你和下属的回报角度考虑，那么你与看股票行情时或兴奋或沮丧的业余投资者没什么两样。

道歉的基础上，弥补下属给顾客带来的损失。这是对上司最基本的要求，这样做理所应当。

例如，综合考察某位人才的智力、能力和干劲儿，以5分作为标准，给予他或她新的权限，使以前想做的事得以实现，使顾客获得新的价值。不过，要想熟练运用这一权力，至少需要8分的标准。为了弥补所差的3分，下属当然需要努力，但上司也必须一起努力。如果下属在努力的过程中受挫，作为上司就必须负责弥补这一差距。如果已经做好这样的思想准备，就应该放手授权给下属。顺便提一句，很多人把强加工作给下属当作授权，这些人毫不在乎地把下属的功绩当作自己的功绩。

所谓授权，就是对下属进行投资。如果仅从回报的角度，即从对你和下属的回报角度考虑，那么你与看股票行情时或兴奋或沮丧的业余投资者没什么两样。专业的投资者不仅考虑回报，也考虑风险。对授权这一投资而言，同样必须考虑到对顾客的风险，也就是事业的风险。上司和下属都需要重新认识这一点。

如果把必须为顾客做的工作设定为100，下属能够达到的水平设定为X，那么懂得“100－X=自己的工作”的人才是真正的管理者。当X=100时，管理者便可以把工作全部交给下属，到高层任职或是离开，因为公司里已经没有非自己做不可的工作了。不过，专家能够不断创造事业机会，因此不会发生这样的事。

我再重申一遍：对顾客而言，上司和下属的关系是无所谓的，专家必须经常考虑顾客的利益。

不断学习，乐此不疲

我们需要的是这样的专家，他们从基础知识开始进行系统学习，亲身实践，对新事物反复消化并不断积累经验。经过持续的训练，他们能够把自己学到的知识提供给别人。

商务专家应该是这样的人：他们绝不认为自己的本领是绝对的，而是准备花费一生的时间去磨砺自己，并且乐此不疲。

我们在组织中诞生，在组织中生存，最终在组织中死亡。然而，很多人对组织却一无所知。这是因为大部分人并不去学习管理方面的专业知识和技能并付诸实践，而是按照学生时代“幼稚的组织观”来思考问题、做出判断并付诸行动。书生的看法有时会带来新鲜的视点，但总是像纪律监督员那样大肆宣扬规则和规定、奖励不符合时代精神的勇往直前、感情先于道理，是不能称之为管理的。

日本的公司中处处体现着这种幼稚的组织观。有的人过去曾经当过年级委员，有的人组织过学生会，有的人是体育协会的干将，便为此自鸣得意。这些人的协调能力的确非常优秀，但问题在于，他们把这些能力误认为是管理和领导的能力，稍微给予他们一些权力，便会发展为官僚主义。他们干事业，也只不过限于组织校庆活动而已，不足挂齿。出现了问题，他们只能简单地就是非做出判断，并采取临时抱佛脚的方法解决问题。

所谓组织，是由各种因素错综复杂地交织在一起，并随环境而变化的有机体。仅凭年轻时浅薄的经验以及一知半解的理论行事，在组织中是行不通的。跟这些人讨论的结果只能使问题更加复杂。“愚笨的人是想不出好主意的。”这句话说的正是这种情况。我们需要的是这样的专家，他们从基础知识开始进行系统学习，亲身实践，对新事物反复消化并不断积累经验。经过持续的训练，他们能够把自己学到的知识提供给别人。

与管理有关的专业知识和技能以及在现实世界中积累的经验是必定要贡献给某一个组织的，可能是企业这样的营利性组织，也可能是政府机构、公共团体、自治体、大学、医院、公寓管理组织和居民管理委员会等非营利组织。事实上，麦肯锡、波士顿和贝恩等世界性的咨询公司，不仅为企业，也为国家、自治体甚至是美术馆和管弦乐队等各种组织提供咨询服务，并且取得了惊人的成果。总之，我想着重强调的是，真正的专家是任何地方都需要的，并且这种需求今后会越来越强烈。

“退休以后，我想专心致志地做一些想做的事。”有这种想法的人多得出乎意料。这种想法当然无可非议，不过我看过无数位好不容易迎来退休之日的经营者，他们的兴趣却无法长久，最后只得半途而废。事实上，虽说有财富、有时间，但也没有人终年外出旅行或是不停地收集古董——无论是谁，最终都会感到厌倦。于是，他们觉得下属还留在公司真好，开始在无人提出要求的情况下发表意见，插手企业的经营方针和人事管理，鼓动有些资历的员工组织起“影子内阁”。

对能够称为专家的人而言，是不存在退休这个概念的。

此外，他们非常愿意和人打交道。在参加地域共同体的活动以及志愿者行动时，他们会突然拿出名片，在无人询问的情况下开口便说："我以前是某公司的董事。"顺便提一句，与商人相比，有此类行为的人以公务员居多。

这些人的确是成功人士，他们在竞争中获胜，作为公司职员已经出人头地。但这些退休后只能"插手"公司内部事务的人是称不上专家的。

对能够称为专家的人而言，是不存在退休这个概念的。因为无论本人是否有要求，都会不断有人或组织来请求他的帮助。他们也期待社会上所说的"退休后的晚年"，但是社会却不允许他们悠闲度日。通用电气公司（GE）的首席执行官杰克·韦尔奇由于情人问题和退休金问题，令自己的辉煌职业生涯蒙污，但他依然是各方面都争抢的人物。我经常在世界各地的演讲会上遇到他，2005年在墨西哥城和

> 要想获得成功，先要企盼成功，对自己能够获得成功充满自信。如果在自信的背后没有好奇心作为助推器提供动力，是无法达到一流境界的。这一点可以说是区分非凡与平凡的决定性因素。

米兰我们也在一起。

此外，专家全身都浸透着职业化特性。他们讨厌马马虎虎地工作，因此他们对工作一如既往地勤勤恳恳，即使年事已高，也要亲临一线；即使报酬微薄，也会尽心竭力。在此，我想修正一下前面的说法，我在前面提到专家“准备花费一生的时间去磨砺自己”，准确地说应该是专家是“已经过不断磨炼的人”，他们的好奇心永不衰竭。

在重振雅马哈的川上源一先生以及索尼的创始人之一盛田昭夫先生生前，我与他们因公或因私有过很多交往，这两个人提问的方式就像放机枪一样。IBM 的前首席执行官郭士纳曾经与我共事，他也是这样。

在郭士纳 1993 年受聘于 IBM 之初，对于计算机他是个外行。他曾就职于美国运通公司和雷诺兹-纳贝斯克公司，听到我来美国的消息后，他立刻打来电话，约我第二天共进早餐。第二天早上，我应邀前往，他省去寒暄，刨根问底地询问了一些问题，诸如“最近全球的货币动向有什么变化”，“韩国的饼干业在并购方面能做些什么”，等等。虽说请我吃了早饭，他的问题却让人感到有些厌烦，我甚至想：“仅仅花了20美元，竟然问了这么多问题。”

但我是个老好人，在不知不觉中还是回答了他的问题。郭士纳患有严重的“求知病”。由于我是麦肯锡的全球负责人，他早在刚任职时，就接二连三地问了我许多关于IBM以及行业动向的问题。那时我在日本工作，对他的问题无法一一解答，于是请纽约办事处的负责人组成了一个研究小组帮他解决问题。

要想获得成功，先要企盼成功，对自己能够获得成功充满自信。我见过成百上千位经营者，对他们而言，这种自信是必要条件，但仅有自信是不够的。在飞机起飞、爬升、驶入航线的过程中，需要助推器不断提供动力。与此相同，如果在自信的背后没有好奇心作为助推器提供动力，是无法达到一流境界的。这一点可以说是区分非凡与平凡的决定性因素。

保有好奇心

好奇心不足的人，也就是怠慢自己智慧的人，他们几乎无一例外地属于自我防卫型人格，对变化采取抵制的态度。

一般人都会自己认定自己能力的极限。几乎所有人把这种极限设定得离自己的实际极限尚远，这是因为他们是依照自己以往的经验设定的，以为这样就能避免失败，也不会惹恼周围的人，更不会被别人瞧不起。因此，不得不说这是一个现实而聪明的做法。不过，依我看这不过是一种小聪明，这样的人只要觉得“行不通”，便会立刻放弃。

此前我曾多次告诫大家不要怠慢自己的智慧。事业也是如此，适可而止的心态不仅对本人，对周围的人也是有害的。这样的人大多数都在就业排行榜上最受欢迎的前10名企业中工作。糟糕的是，他们对进入并从属于大家都认可的一流企业感到非常满足，把周围人对自己公司的评价错当作对自己的评价。因此，当公司被迫变革或是必须改变事业的发展方向时，怠慢自己智慧的人必定会陷入困境。他们的工作态度和业绩也还说得过去，无法随便对他们做出安排，这样的人结局反倒更加不幸。

全球产业界有一个共识，这就是“企业变革的敌人是中层”。当然，“中层”指的是中间管理层，在此我想提出一个新的概念——“好奇心水平居中的人”。

好奇心不足的人，也就是怠慢自己智慧的人，他们几乎无一例外地属于自我防卫型人格，对变化采取抵制的态度。他们对新事物缺乏兴趣，更谈不上富有挑战精神了。对于全新的或自己不了解的东西，他们平时没有形成主动吸收的习惯，到了关键时刻，便如心理学中所说的，或是抵制，或是逃避。

怠慢自己的智慧所带来的恶劣影响并不仅仅局限于公

司内部。商务专家总是优先考虑顾客，并强调必须给顾客带来最大价值。因此，浅尝辄止地完成工作，这样的人即使工作表现突出，恐怕也无法被称为专家，更不会受到顾客的欢迎，因为他们对顾客缺乏兴趣。

这种介于可与不可之间、只能达到平均水平的工作状态的人，是不可能为发展顾客做出贡献的。企业在竞争激烈与技术变革剧烈的市场中作战，缺乏好奇心的员工很可能会拖后腿。与此相比，倒是尚不成熟但是能够为顾客倾注全部心力的新手更值得信赖。

纪律的力量

无论如何完善教育制度，如何增加报酬和改善福利，也不会产生大批的专家。只有纪律——或许称为价值观更准确些，才能培养出专家。

怠慢自己的智慧，就是放弃自我成长，并放弃为顾客提供最大价值。如果这样的人不断增多，组织便会丧失活力，最终陷入困境。

因此，每家企业都在完善自己的培训和福利制度，以消除这种不良心理，并设法振兴企业。采取过去那种批评手段反倒会使员工丧失斗志，有可能被指责为以职权欺人或所作所为令人厌恶。近年来，让公司的各级管理者学习如何指导员工、用温和的方法使员工产生动力正在成为主流。

事实上，日本企业对员工的教育无论在硬件上还是软件上都非常充分，以至有的企业以此作为卖点。我一直从事大学的管理工作，因此积累了不少经验，如果让我提出一些忠告，那就是在没有制定纪律的环境中，无论怎样教育都不会取得成果。在咨询实践中，在任何一所一流商学院学到的知识都可能行不通，这样的事情如家常便饭，有时人们会感到力不从心。

无论如何完善教育制度，如何增加报酬和改善福利，也不会产生大批的专家。只有纪律——或许称为价值观更准确些，才能培养出专家。被誉为“麦肯锡振兴始祖”的马文·鲍尔对此深有体会。

我再重申一下麦肯锡的纪律，这就是“优先考虑客户，为客户提供最大价值”。咨询顾问都在努力谋求自我发展，如果不这样做，咨询顾问就无法赢得客户的信赖，也得不到同事的好评。此外，如果提供的咨询服务非常平庸却不以为意，客户会感到失望，同事也会毫不留情地表达出蔑视之情。

> 专家是不允许妥协的。所谓妥协，指的是只考虑自己的情况，而无视顾客与商业伙伴的利益，凡事过于乐观。

这一纪律被称作“up or out”，也就是“得不到晋升与发展的人，请你离开”。在解决问题的能力、团队管理的能力、使客户改变意向的能力等方面，麦肯锡针对不同员工的水平有不同的要求。根据员工进入公司工作的时间定级，在所定级别的范围内，如果能力毫无提升，则劝其离开。每年有 20% 的人会离开公司。同期进入公司的 100 人中，4 年后只能剩下 20 人，这已成为惯例，因为麦肯锡知道这是不给客户带来麻烦的唯一办法。

这种做法一方面会使公司内部产生相当强烈的紧张感，大家都在拼命学习；另一方面，经过这样的学习，员工即使在麦肯锡发展得不顺利，也会受到其他公司的邀请。因此，只要离开公司的人具备充足的活力，其发展前景并不暗淡。

专家是不允许妥协的。所谓妥协，指的是只考虑自在无国界的世界，无法设想官僚与行业团体能够赶上网络经济发展的速度。正因为如此，我们才需要专家在“方向”与“程度”方面给出恰如其分的建议。

己的情况，而无视顾客与商业伙伴的利益，凡事过于乐观。无论对这种人进行怎样高水平的教育，学习效果都是可想而知的。有些日本企业被视为企业中的“大学”，它们采用的研修方法与商学院的课程相同，如果认为这样便能培养出专家，岂不是过于浪费投资？

我复制了当时在麦肯锡东京办事处采用的教育体系。因为当时接受过培训的年轻人后来的发展情况证明，这种方法在日本也是非常有效的。我开办了卫星电视节目《商业突破》（bbt757.com），它提供的计划以及 MBA 课程，包括讲师在内，都与麦肯锡一样。由于有了宽带通信，各类企业还可以向派往全球工作的员工提供同样水平的严格培训。

美国的《财富》杂志刊登过一篇令人感到非常好奇的文章，这就是《麦肯锡和通用电气，到底哪个组织更优秀》。文章比较了两家企业涌现出的优秀经营者，结论是精英汇集的麦肯锡和经营者多为地方大学出身的通用电气，在管理者的经营能力上难分高下。而这两家公司都制定了纪律，并对员工进行全面的公司内部教育。

通用电气以热衷于培育人才而闻名。它在全球拥有 20 多万名员工，同时开展几种不同的事业，因此与普通企业相同，它具备面向各个阶层、各种职务的知识教育与技能研修体系，但公司最重要的目标是制定被称为“通用电气价值观”的纪律，这主要通过克罗顿维尔经营培训中心①完成。日本人认为通用电气这样做是为了取得成果而强调权力，对这种做法给予的评价并不高。无论取得怎样辉煌的业绩，违背通用电气价值观的人都不会获得较高评价，如果员工不能信守企业价值观，便只能离开公司。

2001 年的“9 · 11”事件后，美国航空业整体呈低迷状态，只有西南航空公司一家扬眉吐气，这就是纪律的力量。京瓷公司的发展规模如此之大，它之所以没有丧失企业的精神，是因为稻盛和夫先生的经营哲学渗透到了组织内部。IBM 的山姆 · 帕尔米萨诺继郭士纳改革之后，恢复了托马

① 1953 年，通用电气以培养下一代领导者为目的，在纽约州克罗顿维尔开办的企业内部大学。

斯·沃森的“基本信念”，这是因为他相信纪律的力量。

在此我按照自己的理解对专家进行定义。前面已经提到，要从对顾客承诺的角度进行定义。思考以下事例，我们即可理解专业技术人员、多面手与专家的不同。

专业技术人员就是人们普遍认为的专家。如果是会计师，就应该精通所有的规章制度，当然也要能够处理会计方面的工作。不过，顾客来自不同的国家，会计需要在货币和税制不同的国家处理的工作越来越多。而法律虽由专业技术人员组成的团体不断更新，但也经常会落后于时代。边审视这种情况，边正确引导顾客，这就是会计专家的工作内容。专业技术人员只能按照规定进行计算机操作，而专家具备“洞察力”和“判断力”，能够使组织在没有既定方法与规范的情况下正常运转。这就需要对顾客有深刻的洞察力，并具备这方面的工作能力，也就是说，专家必须理解“forces at work”（工作中的力量），在没有正确答案的情况下，能够设想各种情况并尽可能采取正确的对策。

在 21 世纪的经济世界中，我们看不清前方的道路，几乎所有的情况都没有正确答案。在无国界的世界，无法设想官僚与行业团体能够赶上网络经济发展的速度。正因为如此，我们才需要专家在“方向”与“程度”方面给出恰如其分的建议。

那么，多面手为什么也不行呢？为什么他们的作用也不够呢？关于这一点，必须结合当下变化频繁的情况才能做出解释。多面手具备万金油般的技能，对任何工作都能胜任。这样的人无论是会计工作、销售工作还是人事工作，都能毫无差错地完成。他们认为专业知识通过某种程度的学习即可掌握，更重要的是，他们对于组织运转必不可少的人才、业务流程和决策过程非常熟悉，有能力克服一个又一个障碍。

组织的“墨菲定律”（Murphy’s law）指的是，大部分人的能力在自己擅长的领域已达到极限，并逐渐落后，而超级多面手无论职位升到多高都能掌握相应的技能，解决问题的能力不见衰退。然而，因为企业周围的环境发生了变化，此类超级多面手如今也开始碰壁。放眼世界，巴西、俄罗斯、印度和中国的实力不断增强，对长期关注欧美世界和东南亚的人而言，他们无法察觉到其他地区的发展。

网络社会对不同职业的收益也有着巨大的影响。不仅银行贷款为市场提供直接融资方式，而且金融衍生产品以及套头

> 与了解经营的人相比，不了解经营的人对经济的影响更大。

交易等多元经济还突如其来地动摇了货币和股价。超级多面手无论怎样擅长组织的运营，在现有组织和现有技能的基础上也很难处理这些问题。

问题正在于此。在当今时代，即便是讲授经营的商学院教授，也比不上在网络社会中成长起来的学生。与了解经营的人相比，不了解经营的人对经济的影响更大。不懂经营的人轻而易举地击败了以富士电视台的超级多面手而闻名的日枝久会长。在微软的比尔·盖茨击败美国计算机网络体制的同时，斯坦福大学研究生院的两名研究生创立的谷歌，作为网络界的领航者，成为一家市值总额9万亿日元的企业。

市值总额体现的不是企业的现有价值，而是“将来可能占领的领域所产生的总价值”。与有着百年历史的企业相比，成立之初的企业被赋予更高的价值，这意味着什么？

在 21 世纪的经济社会中，我们要与“看不见的空间”作战。我们需要运作的不再是看得见的人或组织，我们的工作是占领看不见的经济领域，打败其中的人或组织（有时可能是自己公司以外的人或组织，有时可能是非特定的多数人或组织）。

顾客也许是触摸不到的。现有顾客的性质也许会发生改变。现有的顾客如冰雪般消融，始料不及的人、企业以及非特定的多数人或企业也许会成为顾客。要求专家加强对顾客的理解正是这种层次上的理解。

为此，洞察看不见的事物的能力、构思能力、分析能力、综合能力以及 21 世纪经济所需要的正确的理解力与洞察力必不可少。在《新·资本论》《无国界的世界》《21 世纪维新》等著作中，我对这种新经济社会进行过论述。

如果你想成为专家，就必须与各种“力量”相抗衡：

- “还是自己更可爱。”
- “达到平均水平就可以了。”
- “不想干辛苦和困难的事。”
- “不想惹怒别人。”

- “不想失败。”
- “不想受束缚。”

恐怕这些想法是每个人都有的，我们不应被这些想法束缚，而应该尽力扼杀它们。的确，专家要控制自己的情感，并靠理性而行动。他们不仅具备较强的专业知识和技能以及较强的理念，而且无一例外地将顾客放在第一位，具有永不衰竭的好奇心和进取心，严格遵守纪律。以上条件全部具备的人才，我才把他们称为专家。

这样定义是否过于严格？我并不这么认为。我甚至认为这些条件尚且不够。本书所要阐述的是活跃于社会上的专家所应具备的能力。

不论情况怎样变化，专家的作用都是不变的。一方面，以棒球行业为例，铃木一郎和松井秀喜可以被称为专家，他们在美国这个自己并不熟悉的环境中，确立了一流运动员的地位。他们并不是简单地把自己在日本的技能带到美国，而是掌握了适应美国情况的新技能。另一方面，诸多的“日本英雄”在大联赛中败下阵来，这证明他们只不过是日本棒球的专业运动员而已。

> 无论前提条件发生多大的变化，都能够认清深层变化的本质，比别人发挥出更大的能力，这样的人才是专家。

与其他人相比，专业技术人员更能够适应所处的环境，在现有的环境中采用固有的方法正确、迅速、出色地完成任务。多面手完成任何业务的能力都是出众的。无论是地位提高还是地点发生变化，超级多面手的能力都不会改变。而无论前提条件发生多大的变化，都能够认清深层变化的本质，比别人发挥出更大的能力，这样的人才是专家。从组织的长久性来看，他们能够带领该组织沿着正确的方向发展。

如今，所有的行业、所有的组织都处于过渡期。换言之，我们每一个人都需要一郎和松井那样面对新环境的气魄。

- “在日本行得通即可。”
- “不懂网络社会。”
- “乔治·索罗斯是个恶魔。”

• “中国不可忽视。”

以上想法对我们一点用也没有。在21世纪的社会中，我们无处退缩。胜利者与失败者的区分比以往更清晰，这是21世纪社会的既定事实。

你是胜利者还是失败者呢？这取决于你今后的生活方式。我所论述的这种经济社会刚刚到来。如果你采取的方法正确，你便有可能最大限度地获得专业技能。那么从下一章开始，我们就来看一看怎样的方法才是正确的。

第二章 先见能力

如今，我们轻而易举地推翻了以往的常识，正置身于全新的经济空间……推动未来世界运转的，是个体之间的竞争，而不再是国家之间或企业之间的竞争……今后的时代所需要的先见能力，是能够看清别人看不到的事物的能力。

“看不见的新大陆”

眼睛看不见、手触摸不到的无形活动将成为主流。过去辉煌的成功经验不仅不再起作用，甚至会成为发展的羁绊。

新的商业竞争领域如台风般毫不留情地摧毁着旧的经济世界。让我们一筹莫展的是，我们无法用眼睛看清这块商业竞争领域，也感受不到它扑面而来的猛烈势头。这正是“看不见的新大陆”。

在旧的经济世界中，眼睛能够看到、手能够触摸到的有形活动可以创造出财富。在工业化社会，制造商开发出新的技术并转化为商品，在工厂生产，运到商店销售；服务行业利用建筑物或交通工具提供服务。日本在经济高速在“看不见的新大陆”开展的生存竞争是毫不留情的，既没有乞怜于人的时间，也看不见能够接受乞求的人。

发展时期，起龙头作用的电机制造商和汽车制造商之所以能够取得成功，是因为他们迅速理解了工业化社会的规则，并将这一规则认真地付诸实践。

在“看不见的新大陆”中，以前起主要作用的有形的活动依然存在，然而，正如这一名称所透露的那样，眼睛看不见、手触摸不到的无形活动将成为主流。过去辉煌的成功经验不仅不再起作用，甚至会成为发展的羁绊。

事实上，全球化与数字化的大潮已经首先波及金融行业。继金融行业之后，信息技术产业从20世纪后半期开始不断发展，以染色体组为代表的生命科学领域也已经能够解决肉眼看不见的微观世界的课题。在这些领域，日本显然已经落后了。我们可以找到各种原因，诸如当时的大藏省和通产省的决策不够明智，没有领导者能够主持开拓此类新领域，等等，但这些领域落后的一个根本原因在于，大家依然以工业化社会的规则思考并行动。

总之，工业化社会的经济是有形的，这种有形的经济虽然并没有被废弃，但已经不再是主流。事实上，很多人由于不断听到“后工业化社会”“后资本主义社会”，甚至“知识社会”之类全新的说法，或者通过阅读相关图书，已经感觉到新的经济社会的到来，但对于无形经济取代有形经济的趋势，他们却依然无法理解。正如俗话所说的那样：“百闻不如一见。”他们没有亲眼看到，所以无法相信。

然而，微软、Linux、甲骨文以及思爱普（SAP）等软件公司又是如何取得成功的呢？这些公司的产品都是无形的。思科和戴尔没有工厂和仓库。拥有诸多高级品牌的法国 LVMH（酩悦·轩尼诗–路易威登）和瑞士历峰集团（Richemont）为什么能够以高收益著称呢？可口可乐和麦当劳为什么能够在全球获得发展呢？这一切都是由无形资产带来的。

这块新大陆不仅眼睛看不见、手触摸不到，而且更复杂的是，着眼点不同的多种经济混合在一起并相互发生作用。“实体经济”是此前一直存在的；“无国界经济”由于中国、印度、南美、北欧、东欧和俄罗斯等国家和地区实力的增强，如今已成为常态；互联网又带来了“网络经济”；

“多元经济”是由前三种经济错综复杂地交织在一起而来的，能成倍地创造财富——它们时而各自独立，时而浑然一体。从20世纪后半期开始，人们逐渐感到世界越来越变幻莫测。

我把比尔·盖茨创办微软的1975年命名为“盖茨元年”，此前为BG（盖茨以前），此后为AG（盖茨以后）。进入AG时期，当互联网开始真正普及时，人们经常使用“dog year”（狗年）这个词，指的是狗的一年相当于人的七年，换言之，不到两个月就相当于一年。总之，每过两三个月，社会就会改头换面。无论是否愿意，我们都已置身于这一全新的经济空间之中，当然也无法后退。

然而，究竟有多少人理解了这一事实，究竟有多少人认识到它的严峻性？至少在这1/4个世纪内，几乎所有人都未能正确认识到这一新大陆的存在，于是我们时不时便会看到悲剧的出现。典型的例子便是宝丽来公司的衰落，它是由埃德温·兰德创办的，此人比别人更加看重学习的意义。

2001年10月，根据《美国联邦破产法》（相当于日本的《公司复兴法》）第十一章的规定，宝丽来公司申请破产保护。即使缺乏经营资源，与竞争对手相比，宝丽来公司也并非处于劣势。不仅如此，它还拥有强有力的品牌与优秀的技术人员，并在全球范围内开展物流和销售业务。事实上，该公司还从1980年年初开始投资数码照片事业，是最早投资这项事业的公司。公司突然陷于破产的境地是由于对数码照片事业的错误估计。

在“看不见的新大陆”上开展的生存竞争是毫不留情的，既没有乞怜于人的时间，也看不见能够接受乞求的人。如今，大企业的白领、乡镇企业的经营者，甚至是山村里小本经营的店主，都无一例外地生活在这块“看不见的新大陆”上，稍不留神便会被严酷的竞争所淘汰。

我们还没来得及看到宝丽来公司这场悲剧的结果，前所未有的危机便席卷了胶卷行业。2005年5月，德国的爱克发公司申请破产，此前，它生产的胶卷与柯达和富士并称为世界胶卷的三大品牌。数码相机的出现使得固守传统型胶卷事业的老牌企业业绩低迷。几年前，有谁能够预测到将有一半的手机具有数码相机的功能呢？

此后，即便是在行业中已经站稳脚跟的柯达和富士，也要在数码网络革命的惊涛骇浪中经受锻炼，仅通过裁员已无法赶上行业发展的速度。不知何时，某一个产业便会突然消失，这是任何战略论都无法解决的问题。

战略论的功与过

如今的时代，依靠某些精英学习最新理论、制定战略并严格按照战略进行实践的做法已经无法推动企业的发展。

宝丽来失败的根本原因是什么？答案就是固守成功的模式。经营队伍拘泥于纵向一体化，技术人员不习惯较短的商品周期，市场人员未能认识到经济空间发生了变化。总之，没有意识到过去的成功经验不再能行得通，于是导致了失败。

进入21世纪，商务专家如果再依靠过去的模式即“战略论”谋求自身的发展，将会给事业带来极大的危害。如今的时代，依靠某些精英学习最新理论、制定战略并严格按照战略进行实践的做法已经无法推动企业的发展。

尽管这样说，但30年前把战略论引入日本的却是我本人。当时，我给企业战略下的定义是“制订规划，使自己公司与竞争对手之间相对力量关系的变化朝着有利于自己公司高效变化的方向发展”。我列举了改变这种力量关系的三种方法，即“基于成功的关键因素（KFS）的战略”“基于相对优势的战略”“推进新规划的战略”。

基于成功的关键因素的战略

公司经营资源的分配与竞争对手相比显然有所不同，可以把资源集中于成功的关键因素，凭借公司的股份与收益率等优势获胜。这一点在与拥有同样经营资源的其他公司的竞争中十分有效。

基于相对优势的战略

与第一种战略不同，这种战略着眼于竞争条件的不同，以确保相对优势。这一战略指的是：某些产品与公司的某款产品没有直接的竞争关系，在生产该产品时可以利用这些产品的技术、销售网络与收益结构，或者在资产方面，利用这些产品与该产品的相对差异赢得竞争。

一般来讲，战略论大致可分为以下两种：一是以哈佛商学院教授迈克尔·波特为代表的“定位论”，二是以密歇根大学商学院教授普拉哈拉德与伦敦商学院客座教授哈默尔为代表的“核心竞争力理论”。

推进新规划的战略

这一战略指的是：积极开拓竞争对手所不涉足的业务，开辟市场。制订新规划，有效推动市场的发展，以使其他公司无法效仿。

此后，对于作为成功模式的以上战略论，我不断进行提炼，其中的不少内容想必大家都已掌握。一般来讲，战略论大致可分为以下两种：一是以哈佛商学院教授迈克尔·波特为代表的“定位论”，二是以密歇根大学商学院教授普拉哈拉德与伦敦商学院客座教授哈默尔为代表的“核心竞争力理论”。

毫无疑问，如今这些理论在特定的条件下依然有效。不过，这些理论的框架和发展的标志都是以20世纪后半期稳定发展的工业化社会为背景的。当时的经济以制造业为主体，商品经济无论多么复杂，发展得多么迅速，我们都能捕捉到商品、竞争和市场的动向，在开发新产品和服务以及开拓新业务时，能够具体把握目标客户与市场。于是，论述以什么为目标以及如何实现目标的战略论便能够有效地发挥作用。

20世纪末的十几年间，作为战略论前提的顾客、市场、竞争等因素已不再具有固定的定义，每个人都能清楚地看到，以往的产业分类已经失去意义。

即便如此，如今依然有不少人信奉战略论。知道工具但不了解其使用方法，便会在错误的前提下制订解决方案，这是徒劳的。要想学会使用工具的方法，只有用自己的头脑去思考所有现象发展的来龙去脉。

无论经过前人怎样的高度提炼，那些战略论都不一定能够引导你得出正确答案，即使能够启发你思考如何成功。我们应该铭记一点，依靠固有的模式与陈旧的知识解释史无前例的现象，将会给事业的发展带来危害。

在正确的时间做正确的事情

如今的时代，改写经济常识的并不一定是实力强大的组织，个人也完全有可能做到。

在新大陆中，以往的战略论已不再适用，但还是有不少人获得了成功，这是因为他们充分认清了新大陆的本质。这些人中有思科公司的约翰·钱伯斯、西贝尔系统公司的汤姆·西贝尔和戴尔公司的迈克尔·戴尔。我们只能在新的竞争领域的彼岸遥望他们的身影，但沿着他们走过的道路前进则毫无意义。因为只有那样的人才在那样的时机才能取得那样的成功，即使我们从中能够得到启示，令人遗憾的是，我们也无法获得他们那样的成功。

给思科公司带来成功的卓越人才是约翰·钱伯斯，时机是 1991 年。他曾就职于 IBM 和王安实验室，后作为负责企业经营的高级管理者参与了思科公司的决策。他建立起网络基地，对顾客的声音给予及时反馈，把销售规模 800 亿日元的一个新兴风险企业培育成市值总额世界第一的一流公司。

钱伯斯的成功可谓角色与时机都极为明确。他从前任管理者手中接过此项事业时，思科公司正处于发展的初期阶段。当时的市场很有可能被 ERP（企业资源计划系统）市场最大的软件制造商思爱普公司的 ERP 产品占领，此时，思科公司得到了一位天才的首席技术官埃德·科塞尔。如果钱伯斯再晚 5 年进入公司，无论是思科公司还是他自身，其经历也许会截然不同。

李纳斯·托沃兹也是一位在千载难逢的时机登上新大陆、改写经济世界的常识与价值观的优秀人才。在钱伯斯进入思科公司的那一年，就读于芬兰一所大学的一位年轻人发布了 Linux 软件，他就是李纳斯·托沃兹。此时，微软 1985 年公之于世的 Windows 操作系统，依靠保守设计资源的秘密控制着全球市场。

Linux 与称霸全球的 Windows 采用的方法完全相反，它通过互联网等途径，免费发布相当于软件设计图的源代码，任何人都可以改进这一软件，并采用重新发布的开放源代码扩大市场占有率。它在影响IBM、英特尔和甲骨文的同时，自身也获得了迅速发展。虽说除了惠普公司销售装有Linux的机器，它仅仅被应用于亚洲市场，但这是大型公司第一次真正采用Windows之外的操作系统。开放源代码的思路是否能够成为全球化市场的主流，我们不得而知，但事实证明，如今的时代，改写经济常识的并不一定是实力强大的组织，个人也完全有可能做到。

可能有人会感到奇怪，为什么像李纳斯·托沃兹那样卓越的人才会出现在北欧。但有些人可能早就看清了北欧的发展趋势，对此也早有预感。不仅是芬兰，北欧各国的福利制度都很完善，仅从这一点而言，它们已经摆脱了无法度过21世纪的危机感，为信息技术社会的真正到来做好了准备。这些国家倾举国之力培育高科技产业：20世纪80年代着手进行教育制度改革，支持产学合作，通过政府与民间承担各自的责任来支持风险企业。除此之外，为配合信息技术社会，政府还推动了法律制度的完善。如今北欧各国信息技术人才辈出，受到全球瞩目。

错过了时机，便不会成功，更何况在“看不见的新大陆”上，经济环境的变化与20世纪相比加快了数倍，谨慎被动对企业与国家而言都将是致命的损失。

顺便提一句，芬兰的诺基亚从生产橡胶长筒靴和电视的企业摇身一变，成为全球通信终端的制造商，它的成功也是因为其角色和时机都非常明确。该公司在1992年聘请了原花旗银行的员工、年仅41岁的约玛·奥利拉为总经理兼首席执行官。此前，前任总经理陷入公司面临的困难无法自拔，最终自杀。

奥利拉就职后，不再认为公司中的各种情况是理所当然的，而是不断提出一个朴素的问题——“为什么？”为了使面临破产危机的公司再度复兴，他选择了专门从事移动电话事业。这是思路的转变。正如世间的一切重要发明都源于“为什么”，思路转变产生的效果有时是惊人的。

有人认为，对1865年创建的传统组织进行大刀阔斧的改革，不能归功于奥利拉一个人的决策，但这一改革正是因为他处在首席执行官的位置上才得以实现。他的成功的确有国家政策方面的原因，如芬兰放宽对通信领域的限制，但当时在公司内部，没有一个人预见到此后 10 年间诺基亚的飞速发展。

错过了时机，便不会成功，更何况在“看不见的新大陆”上，经济环境的变化与 20 世纪相比加快了数倍，谨慎被动对企业与国家而言都将是致命的损失。令人担忧的是，日本尚不具备这种思想准备与危机感。放眼教育改革的蓝图，我们完全感觉不到日本培育全球化人才的气魄和意图。

在日本，谈到这方面的内容，便会有人用上一代日本人的思维方式议论道：“文部科学省到底在干什么？”针对下一代人的情况进行制度改革当然至关重要，但是国家和政府只能维持旧秩序，依靠国家和政府想办法，以使自己在新的竞争领域中获得成功，抱有这种想法的人是没有资格成为商务专家的。

推动未来世界运转的是个体之间的竞争，而不再是国家之间或企业之间的竞争。优秀个体之间的竞争转瞬间便能改变世界。类似 1990 年的托沃兹，具备世界一流才能的人，不知会从何处现身。

真正有效的答案存在于新的竞争领域中，只能依靠每一位专家去发现。这需要能力，能够更迅速、更准确地认清别人看不见的东西，同时也需要气魄，能够在发现商机的瞬间以最佳方法抓住商机。

先见能力的蜕变

今后的时代所需要的先见能力，是能够看清超脱于眼前事物的能力。任何人都能预见到的事业是不会再有什么发展的。

先见能力本身是不可求的。我在20世纪70年代发表过一篇题为《先见性研究》的论文，1999年出版新版《企业参谋》一书时，以《先见能力——透视成功模式的必要与充分条件》为题附于卷末。不过，当时的企业在经营中所需的先见能力还比较简单，有可能进行合理的推测。在该书中，我这样写道：

综观事业获得成功的诸多事例，给人留下的印象是这些事业都很富有先见性，并且都是按照预言家的预言发展的。但在这些事例的背后，我们自始至终都能看到同样的成功模式，我们可以把它称为先见性的必要和充分条件。

对于这种必要和充分条件，我列举了以下4条：

1. 明确定义事业领域（范围）。
2. 从分析现状入手预测未来的方向，可简明扼要地阐明假想的论点，以分析其因果关系。
3. 在可能有多种选择的情况下，只精选其中的几种。在推行所选择的方案时，采取强制的方法调配人、财、物等各方面的资源。
4. 不要迷失假说的基本方向，不要偏离原则，除非情况彻底发生变化。

按照以上4个步骤获得成功的企业家，后来被评价为“具有先见能力”。肯定会有不少人觉得自己也能做到。事实上，不少日本生产厂商阅读过这本书后向我咨询。在我的协助下，他们对商品、事业以及技术革新的方法进行了合理的预测和构思，并在20世纪80年代到90年代中期获得了成功。立体声元件生产厂商是这样，数字手表生产厂商也是这样，而“QB屋”（10分钟理发店）是最近才获得成功的。

他们当时已经成功地预见到自己应该开发什么样的商品（或提供怎样的服务），因此，此时需要的不是天才的灵感，也不是预言家的素质，而是对一系列的逻辑过程毫不松懈地落实的执行能力——定义事业领域，从分析现状入手，预测将来的方向。换言之，当时的先见能力是比较容易学习的。

我想重申一遍，今后的时代所需要的先见能力，是能够看清超脱于眼前事物的能力。任何人都能预见到的事业是不会再有什么发展的。要想获得在新的竞争领域中取胜的能力与工具，不能依靠现有的战略论和过去的成功经验，重要的是把精力集中在不断认识前人未曾涉足的世界，并磨炼自己的资质上。

怀疑一切

要想学习没有常识的世界中的新常识，即 21 世纪的规则，首先必须有意识地让自己习惯去质疑一个个铭刻于心的常识。

众所周知，人类的大脑具备这样的功能，它会把新的信息与过去的经验或积累的部分知识相对照，然后加以调整并接受。如果眼前新的现实与大脑中储存的固有信息无法协调，便会在无意识中拒绝接受新的现实（当作没看见），或者通过自己一知半解的知识任意推测，使自己认识到的情况偏离实际（产生错觉）。这是人的一种本能，目的在于使自己保持冷静。请大家把前文提到的“过去的经验或积累的部分知识”这种说法转换为常识或固有观念来思考一下。

20 世纪充满常识，而 21 世纪是一个无常识可言，而且会突然发生变化的时代。如果被旧世界的常识所束缚，就无法在瞬间抓住并正确理解新世界中的新事实，更不可能预见到新的事业。要想学习没有常识的世界中的新常识，即 21 世纪的规则，首先必须有意识地让自己习惯去质疑一个个铭刻于心的常识。

例如，有人认为论资排辈、终身雇用、自下而上的决策、事先采取措施都是日本式经营的特点，然而，只有部分优秀企业才实行论资排辈和终身雇用的做法，这并不是日本企业经营的主流。无论是在战前还是战后，这种文化都未在日本企业中扎根。论资排辈现象出现得并不早，而是日本在经历过高速发展期而进入稳步发展期后才出现的，而且是一种临时现象。此外，无论是在东方还是在西方，企业正是由于自上而下与自下而上的决策方式同时并存才得以存在。日本企业自下而上的决策方式，而欧美企业自上而下的决策方式，都是一种误解。应该指出的是，这两者的区别还在于经营方式的不同。已经走向世界的日本企业，必定有强有力的领导者。

此后的商务专家必须比以前更加质疑常识，并且抛弃现有的知识，也就是坚决养成“不学习”的习惯。

自认为了解日本的一些经济学家使得以上所论述的对于日本式经营的误解根深蒂固，而这只不过是其中的一例而已。更有甚者，日本的产业界和媒体不去关注自己眼前的事，他们所提及的不过是欧美管理权威的极端事例而已，甚至还心怀感激地信奉那些被夸大了的“神话”。泡沫经济崩溃后，日本经济不景气，持续低迷，人们普遍认为日本式的经营方式已经阻碍了企业的发展，为了重振经济，他们开始推崇全球标准。

日本企业以全球标准为课题，盲目引进其体系，注重利益，注重股东，强化董事会的权限，强调官民一体论来解决工会问题。而在安然公司和美国世界通信公司失败后，犹如钟摆回归一般，大家又开始重新认识到日本式经营的优势。

战后，人们反复比较日本与欧美的经营技巧。大家

> 人的大脑有一种习性，那就是“只能看到想看的东西”，因此我们需要特别注意从成功的体验中得到的知识和理论。

看不到实际情况，被世间的常识与人们普遍的认识所误导，于是把简单的现象或极端的事例错当作普遍的情况。在仅凭个人能力便能获得成功的情况下，人们没有时间去回顾过去。竞争对手是谁、如何才能获胜、为此必须做什么——看不清自己所处境况的人，企图从以前的事例或现有的知识中寻求各种问题的答案。然而，任何人都不具有未曾开发的新的竞争领域的知识。

知识来自先驱者的研究与经验，是在反复试验、反复失败的摸索中获得的。如果已经得到了明确的知识，则说明这块新的竞争领域已被无数人造访过，已无商机可言。此后的商务专家必须比以前更加质疑常识，并且抛弃现有的知识，也就是坚决养成“不学习”的习惯。

怀疑常识并不是毫无想法，而是有意识地假设一个相反的观点，并不断地反复验证，把 20 世纪的学习变成一个破坏并极具创造性的“不学习”的过程。要想得出相反的结论，当然需要对常识毫无遗漏地进行分析，但也需要对反证进行同等程度的分析。是否具备这样的思考习惯以及逻辑验证的技巧，决定着你在新的竞争领域中生死存亡的命运。

人的大脑有一种习性，那就是“只能看到想看的东西”，因此我们需要特别注意从成功的体验中得到的知识和理论。例如按照以前的常识，其他行业很难转型为资本密集型行业；某种商品或服务如果不出现竞争对手，便能够垄断市场，保持高收益；作为行业霸主的企业与其他竞争企业不可能联手合作……如今这一切常识与标准都不再适用。从20世纪80年代到20世纪末，这方面的预兆数不胜数。

例如，大家认为永远不会衰败的城市银行的13家分行被4个金融机构淘汰和重组。从一个行业转型到另一个行业已成为可能，例如，日本金融厅已向伊藤洋华堂和索尼公司发放了金融许可证。在曾经引领日本经济发展的汽车行业，也不断有国外的经营者加入。商社强化制造商的作用，在如今已很正常。虽然这些变化就发生在我们的眼前，但不少日本企业还是不能吸取经验教训，因而丧失了国际竞争力，这是因为它们只看到过去的荣耀和成功的经验。

当日本还在磨磨蹭蹭之时，世界格局正发生着变化。20世纪，印度的信息技术工程师涌向硅谷，威胁着美国工程师的工作。如今，信息系统技术公司、萨蒂扬（Satyam）软件技术公司、Wipro信息技术公司、塔塔咨询服务公司等公司把本部设在印度，通过网络向各个发达国家提供雇员，美国企业也开始把职能部门的业务或总公司的业务转移到印度。此外，爱尔兰也同样汇集了职能部门的业务以及各种金融方面的业务。用日文输入数据以及呼叫中心的业务，也转移到了邻近的中国、地球另一侧的巴西或澳大利亚。

日本的制造商早就把生产基地转移到了中国，无论是需要客户支持的业务，还是技术开发和设计等企业的关键业务，都没有理由继续留在日本。如今的时代已无法通过“保持”而“守住”什么了。在以大量生产为动力的商业模式中，只要成为一个“定位准确的棋子”，便能安然无恙地运转。而如今，蓝领自不必提，即便是对白领而言，这样的时代也已经结束了。无国界经济使得由先例和常识固守的这块根据地轻而易举地被摧毁了。

美国白领的工作迅速流向海外，他们已经拥有了强烈的危机感，你自己又如何呢？这样下去，不仅是白领的工作，就连固有的日常工作早晚也会跨越国境，流向海外。于是，工资水平的确定也将超越国界。

只有对“看不见的新大陆”有所预见，才能确保自己不会丢掉工作，获得丰厚的薪水。抛弃先例，养成质疑常识的习惯，获得洞悉变化本质的能力——即使这一切是商务专家的生命线，也绝不过分。

享受变化

只有具备享受变化与失败的素质，或者是从容镇定的心态、好奇心和气魄，才能成为“打破规则者”，才可能带来变化。

被誉为经营学指南和商业经典著作的大部分读物，都是基于对旧时代格局的认识来论述21世纪经济的，不少人对此并没有异议。这是日本式教育的“公害”。日本的教育不是指导人们依靠自己的能力去思考事物的道理，而是让人们一味地记忆事情的结果，并通过这种教育制度，不断地培养人们服从的性格，因此培养出一代又一代对任何事情都漠不关心、认为“没有办法”的人。

在新的经济空间里，对所从事的事业进行取舍是成败的关键。这需要人们在头脑中一边想象一边完成，因为我们无法依靠别人创造的模式对事业的成败进行取舍。

“没有办法”的这一代人，无论给他们多么难懂的经典著作，如果他们认为答案就在其中，就会耐心地读下去，并记在头脑里。他们认为记住便等于理解，但在作为记忆输入的瞬间，思考也便停止了。例如，囫囵吞枣地记住迈克尔·波特所提出的成功公式，便会陷入一种错觉，以为自己掌握了在新的竞争领域中披荆斩棘的工具，于是完全丧失了对没有答案的事物饶有兴趣地探索的心理，也丧失了向百思不得其解的事物发出挑战的气魄。

在新的经济空间里，对所从事的事业进行取舍是成败的关键。这需要人们在头脑中一边想象一边完成，因为我们无法依靠别人创造的模式对事业的成败进行取舍。作为21世纪商务专家的必备条件，我列举了先见能力和想象能力，而获得这两种能力都需要明确角色。

我们只有真正经历无数次的失败，遍体鳞伤，才能学会在新的竞争领域中较为实用的生存技能。我从麦肯锡辞职以来，已经投身过相当多的事业，仅就结果而言，成功与失败的事业各占一半。然而，我认为这样的结果已经非常庆幸了，因为我十分清楚，与失败相比，没有经历过失败更加危险。

只有具备享受变化与失败的素质，或者是从容镇定的心态、好奇心和气魄，才能成为“打破规则者”，才可能带来变化。打破规则也是创造规则的条件，因为只有破坏了一些东西，才能有所创造。

在“看不见的新大陆”上，确实潜藏着诸多风险与不确定性。然而作为商务专家，生活在当今时代可谓是千载难逢的机会（请参考本章最后一节“‘看不见的新大陆’为何看不见”）。有些人本能地觉察到了这一机遇，尽管他们渴望着变化，却又惧怕变化，对于采取行动十分慎重。即使失败，也要率先向前所未有的事物发出挑战——我总觉得在当今的日本，具备这种心理的人才极为罕见。

惧怕变化的心理，也就是惧怕失败的心理，与其说这是一种软弱，倒不如说是不成熟。由于不成熟，便无法避免失败。未曾遭遇过失败，一直在回避失败，因此没有掌握避免失败的方法，于是在新的竞争领域中，无法迈向未知的领域，这便有可能丧失生存能力。

惧怕风险，企图逃避风险，这样做是为了种族的延续，是生物的本能。然而，人类并不是无法化解风险的动物。北欧各国突然发生的变化以及爱尔兰成为世界金融的后院都说明了这一点。自原始社会以来，人类无数次地面对着前所未有的困难和变化，并且每一次都想出办法并予以解决。

向未知的领域挑战是先驱者的任务，也是企业家的乐趣。新的竞争领域就在眼前，我毫无惧色，因为我能够经常预感到变化，心情愉快地以失败为食粮拓展自己的世界，对此我感到非常自豪。李纳斯·托沃兹说，他非常惧怕停滞不前，陷入同一状态无法自拔，没有任何变化。他说，未来是否乐观并不仅仅体现于社会的发展状态，而是体现于每一个人都有所变化，所有的事物都在进化。他非常乐于享受这种变化，他说："我想看看人到底会发生怎样的变化。"

在任何地方，被称为名人或高手的人大体上都具备慎重和大胆两方面的素质。这两种素质无非是经常向往变化、执着探索热情的产物。在商界中，优秀的组织除了积极进行技术革新，还十分擅长化解风险。此类组织的领导者的内心大都充满着享受变化的热情。他们的存在以及他们的热情无疑会成为开拓未曾开发的新竞争领域的动力。

不怕失败，执着探索

回避争论，不习惯争论，对具有国际水准的专家而言，是致命的弱点。

害怕新的竞争领域，不敢投身其中，是永远也无法掌握新领域的规则的，而且也无法继续生存下去。这样的人惧怕失败，不具备下定决心面对挑战的勇气。这样的人只会在头脑中思考，并不去身体力行。争先恐后地踏入未曾涉足的领域，迎接逆境与失败——只有具备这种勇气，才有可能亲自开辟道路，找到全新的答案。

在此过程中，开拓者的精神是最强有力的武器，因为没头没脑地走上几圈，是无法看清变化的本质的。在向新怠于思考的人是无法否定一切的。他们惧怕失败，因此不想承认自己是错误的。坦率地承认自己的错误，意味着对思考永不厌倦。

的竞争领域迈进时，应具备以假想为支柱反复试验、不怕失败的姿态。换言之，即使失败，也要勇往直前，坚信下一次一定能成功，这种执着的精神是我们的护身符之一。

要想认清变化的本质，首先要对身边的变化逐一反复地向自己提问：为什么会这样？新在什么地方？从中会产生什么？其真正的价值何在？然后从中确定课题，建立假说，收集事实以认清这一假说，并进行分析和验证，重新构建自己的观点。

如果在此过程中发现了错误，则必须让所有的一切都回归为一张白纸的状态，建立新的假说，从零开始重新思考。然而，怠于思考的人是无法否定一切的。他们惧怕失败，因此不想承认自己是错误的。坦率地承认自己的错误，意味着对思考永不厌倦。只有这样，以上过程才能进入良性循环，我们才能够赶上甚至超过经济领域的变化速度。

这是经济咨询中解决问题的基本方法，我们有可能通过后天的训练而获得。不过，对大多数日本人而言，这似乎是他们最不擅长的。现在的日本人缺乏支撑这种无休止探索的问题意识和执着精神，让人感到十分遗憾。这也许是由于日本社会认为顺从、把追求权力和利益看得很平淡才是公认的美德。总之，日本人非常缺乏执着精神。

顺便提一句，在我原来供职的麦肯锡，专家的行为规范之一便是“obligation to descent”（反驳的义务），对违背自己良心与职业道德的做法明确表示出自己的想法并提出反驳，这是所有成员都必须履行的义务。这一传统始于20世纪70年代以前。

无论对方是顾客，还是比自己先进入公司的人，无论对方的年龄大小、地位高低，公司要求每一位员工的行为都要以此为准则。在人际关系方面，长幼尊卑非常重要，但在事实面前，考虑到可能会影响到对方的情绪，便客客气气，或是歪曲事实，这种做法专家应该引以为耻。在麦肯锡，与传统型的组织相反，受到强烈批判的不是提意见的人，而是不提意见的人。

即使会导致双方的对立，由毫无顾忌地交换意见而引发的争论也会成为解决问题的基础，这一点不少日本人应该有所领悟。只有不同的见解发生碰撞，才会有所创造。回避争论，不习惯争论，对具有国际水准的专家而言是致命的弱点。这方面极端的表现就是屡战屡败的日本外交。

乐观地期望不费唇舌便可得到别人的理解；不懂装懂；对一针见血的意见充耳不闻，得过且过；愚蠢地重复尽人皆知的错误——这些都是同质化社会所产生的弊病。日本式的教育对固有的知识不加怀疑、全盘记忆，就维持同质性这一意义而言，的确取得了巨大的成果，但与此同时，它也排斥异质，助长了否定多样性的文化。

在此意义上，与日本形成鲜明对照的是犹太人的社会。在犹太人的社会中，为了使讨论深化，总有一位成员敢于提出反驳意见，并被称为"恶魔拥护者"。他在对讨论的方向与大体的结论表示赞成的同时，敢于提出反面意见，对于解决方法的可行性进行验证，指出其中存在的矛盾与不合理之处。为了发现更好的解决方法，他会从不同的角度提出反对意见，对讨论的前提提出异议。

在此过程中，逻辑结构逐渐清晰起来，这对于锻炼在新竞争领域中的探索能力非常有效。运用“恶魔拥护者”的方法和精神，不断验证自己固有的想法，置身于迄今为止从未想过的思想空间，可以训练自己从零开始构建开拓新竞争领域理论的逻辑能力。即使大家都从同一事实出发，如果你的构思非常新颖，也能发现更多的选择与商机。成败的关键在于是否能够做出最佳选择，把握住机会并付诸实施。

偏执狂的危机感

一个高水平的偏执狂正因为具备了紧张感，所以他的感受力才很强，也才能通过卓越的洞察力施展自己的行动能力。

如今在日本，人们对旧格局的认识陷入恶性循环。人们耳边经常听到的是逃避现实的玩笑——“再现一次20世纪的荣耀吧”。大家不仅没有获得在21世纪生存下去的能力，也没有认清获得这种能力的必要性。就连曾经被称为商业精英的那些人，也没有认识到21世纪的现实情况。那么，他们究竟为何如此缺乏危机感呢？

微软也好，丰田汽车也好，其最高经营者都具有强烈

> 只有那些总以为自己的经营环境危机四伏并时刻关注各种“坏消息”的企业，才有可能免于灭亡。

的危机感。比尔·盖茨曾经对我说：“如果今天我的决策失误了一次，这家公司明天就会倒闭。如今，我依然有这种危机感。”无论是从规模而言还是从牢固程度来讲，他的组织都是世界范围内无与伦比的，而他在指挥这样一个强大的企业时，每天都感到危机四伏。正因为如此，无论是为制定反垄断法而斗争，还是召开记者招待会，他都身先士卒。这种紧张感成为在未曾开发的新竞争领域中生存并获得先见能力的动力。

“只有偏执狂才能生存。”这是英特尔的前首席执行官安迪·格鲁夫的一句名言。我以前的同事汤姆·彼得斯（《追求卓越的激情》[①] 的作者）也曾说过类似的话。偏执狂这个词一般给人一种病态、盲信的印象，但格鲁夫指的是对组织、对他人的思想或行动抱怀疑态度，这种怀疑的态

① 该书中文版第二版已由中信出版社于2010年5月出版发行。——编者注

度是积极的，同时也是偏执的。只有那些总以为自己的经营环境危机四伏并时刻关注各种“坏消息”的企业，才有可能免于灭亡。

当企业出现不曾预料的事态或发生令人担忧的事情时，偏执狂更能充分发挥作用。这种情况一方面会使人陷入恐慌，另一方面也会让人“过于清醒”。他们注意不放过任何细节，以近乎偏执的态度彻底斟酌每一个细节。不仅如此，他们还能敏感地捕捉别人的心理活动，并感知危险。于是，他们扩大收集信息的范围，在设想最坏情况的同时，通过收集到的信息对情况做出判断，在感知到危险后迅速采取行动。一个高水平的偏执狂正因为具备了紧张感，所以他的感受力才很强，也才能通过卓越的洞察力施展自己的行动能力。

成功的背后必定潜藏着危机，商界不允许有丝毫的马虎。“只有偏执狂才能生存”这句话也是源于格鲁夫自身的痛苦经历。那是在1994年11月，美国有线电视新闻网（CNN）报道说，奔腾每运算90亿次就会出现一次错误。当时，英特尔以年平均利润率增长30%的势头在发展，同年12月，IBM宣布停止生产内置奔腾芯片的计算机，英特尔公司最终蒙受了近5亿美元的损失。

格鲁夫得出的结论是：这一事件的原因在于英特尔的迅速发展。英特尔在不知不觉中发展为大企业，没有人注意到游戏规则已经发生了改变。经过这次失败的洗礼，格鲁夫逐渐成为美国产业界无人能与之媲美的最明智的偏执狂。

未曾开发的新竞争领域前途变幻莫测。因为不了解，我们对任何情况都感到非常紧张，这种紧张感能够唤醒我们的知觉，提高我们对事物的洞察力、分析问题的速度与应对危机的能力。此外，极度的紧张还刺激着人类潜在的“直觉本能”。

如果说享受变化、执着探索以及不效仿是20世纪在“看不见的新大陆”生存的必不可少的条件，那么紧张感，也就是积极的怀疑心理，便是迅速磨砺先见能力的“强心剂”。在“看不见的新大陆”上，我们需要这种“强心剂”发挥作用，否则我们便无法跟上变化的速度。

磨炼直觉能力

要想磨炼自己的直觉能力，以适应未知的新竞争领域，并提高直觉的准确性，不仅需要抛弃古老的经验与价值判断，而且必须在新的经济空间中努力积累经验。

在新的竞争领域中，我们不知道何时会遭遇危险，而机遇的到来同样也是无法预测的。在预见无法预测的危险与机遇方面，敏锐的直觉能力发挥着巨大作用。不少经营者已经指出，在企业迅速发展的过程中，直觉是必不可少的。成功的典型在一夜之间被推翻，新的竞争对手不知从何处现身——在这样的时代中，我们不可能对所有课题都进行谨慎周密的考察和逻辑分析。正因为如此，当出现新的情况时，我们只能依靠自己的直觉做出判断。

卡内基–梅隆大学的赫伯特·西蒙多年从事人类决策过程的研究，他认为："保存信息以及为了迅速调出信息而对信息进行整理，使这一切成为可能的是经验。"人类通过不断积累经验而认识某种模式，在无意识中运用这一模式并调动自己的直觉。对商务专家直觉能力的研究并不多，但得出的结论都是"人们是依靠思维定式对事物产生直觉与判断的"，从这一点来看，这与西蒙的主张是一致的。

成为直觉源泉的经验越古老，就越无法准确感知外界的变化。要想磨炼自己的直觉能力，以适应未知的新竞争领域，并提高直觉的准确性，不仅需要抛弃古老的经验与价值判断，而且必须在新的经济空间中努力积累经验。

如果我们总不去感知危险或机会，那么负责这部分工作的大脑细胞由于经常得不到运用便会衰退。即使这部分大脑细胞尚不成熟，也要通过多次运用而使其完善并得到锻炼。先见能力也是如此，要边磨炼边运用，通过运用不断得到磨炼。

对事业倾注全力

无论描绘的商业计划有多么辉煌，如果没有必胜的强烈信念，便无法成就事业。

关于21世纪新的经济竞争领域的所有信息以及我们所见所闻的诸多事例，只不过是过渡性的情况描述而已。在此必须依赖的不是什么人得出的结论，而是亲自学习的勇气。无论是国家、企业还是个人，都非常需要具备使自己的肉体和精神在未知的空间经受锻炼的气魄。

如上所述，在企业缩小事业范围之后，从提高成功的可能性这一角度而言，现有的战略论今后可能依然会发挥作用，但我们却无法利用这一工具首先找到通向成功大门的入口并不断取得成功。如果想准确地物色到接班人，使事业长盛不衰，与战略论相比，还应该对“意志”和有意志的人才进行投资。

索尼的盛田昭夫先生具有强烈的好奇心。他时刻注意收集信息，只要感兴趣，无论对谁都会展开问题攻势，不弄清楚绝不放过对方，由此开发了不计其数的新产品。松下幸之助先生同样也是一位提问技巧高超的经营者。在难以决策时，他必定会叫来至少三名员工，不断地问“为什么”。对于能看透问题的本质、与自己的判断最接近的员工，他必定会委以重任。

开创欧姆龙（原立石电机）的立石一真先生有一个强有力的信念：人是会成长的。“不要说做不到，而是应该动脑筋想一想怎样才能做好。”正如他所说的，无论处于怎样艰难的境地，他都绝不放弃，直到成功。他发明了很多东西，向社会输送了不少革新产品。

盛田先生、松下先生以及立石先生日夜都在思考自己的公司和事业。要想使事业成功，在这方面必须极为在意。正如耐克公司的菲尔·奈特所说的，“即使是想开餐馆，如果没有每天在厨房工作 23 个小时的思想准备，那么还是放弃为好”。如果不能目不斜视地埋头于工作之中，便无法成就事业。“我什么都没有了，只剩下这件事。”只有对这项工作如此热爱，才能够专心致志地推进事业的发展。只要时刻铭记这一点，我们的事业必定会获得发展。

总之，最终为战略注入灵魂的还是人。无论描绘的商业计划有多么辉煌，如果没有必胜的强烈信念，便无法成就事业。在既没有地图也没有模式的新竞争领域中作战，除了自己的意志，我们没有什么可以相信的。因此，只有培育出意志坚强的人才，企业才能够持续经营。在企业的发展过程中“如何获得最大收益并降低风险”，这一经营课题贯穿始终。20 世纪 70 年代，在第二次石油危机与日元暴涨中，日本企业通过浴血奋战渡过难关。然而，日本政府却轻率地为企业提供援助，此后，日本企业便忘记了自我变革，开始依靠政府的政策应对经济的不景气，依靠政府提供公共资金，这使得日本企业的组织结构逐渐退化。

日本的经营者曾经具备坚强的信念并做好了充分的思想准备，每当日本企业面临危机之时，他们都能通过自我变革度过危机。然而，如今的经营者都是些孜孜不倦地按照别人的命令行事而最终出人头地的人，他们完全没有变革期斗士的信念与思想准备。日产汽车的社长卡洛斯·戈恩

> 通过自身的意志克服拒绝变化的心理，在自我否定的基础上寻找新的观点，这才是征服“看不见的新大陆”的关键。

以及原马自达公司的詹姆斯·米勒都曾赢得世界赞誉，他们是如今的经营者所望尘莫及的。

无论是对组织还是对个人而言，意志都是内在的动力。如今，我们需要不断加强这一动力，使其发挥作用。然而，人总是习惯于保守，他们看不到新时代的到来，也不具备坚强的信念。事实上，这才是我们内心“看不见的敌人”。要想在21世纪生存，我们就必须克服自身的保守，抛弃过去成功的经验，避免盲目自信。通过自身的意志克服拒绝变化的心理，在自我否定的基础上寻找新的观点，这才是征服“看不见的新大陆”的关键。

“看不见的新大陆”为何看不见

如今，我们轻而易举地推翻了以往的常识，正置身于全新的经济空间。

21 世纪的经济空间被称为“看不见的新大陆”，为什么我们会看不见它呢？

大致有三个理由。首先，价值的源泉发生了变化，我们无法准确把握其规模与速度。20 世纪及 20 世纪以前，任何人都能看到、触摸到的“有形价值”的创造带动着经济发展，流通、金融、通信、媒体等服务业取得了飞跃式的发展。然而，在 20 世纪末的十几年里，这一局面发生了逆转。支撑有形的实体经济的无形价值的创造主导并支配了经济的运转。

这一变化如实地反映在就业人口的分布上。在美国，从事第三产业的人口约占就业人口的70%，日本也占到了近65%。把公共投资称为经济复苏的强心剂，并反复进行投资，延续这一凯恩斯时代的做法是没有认清这一现实的最好佐证。一方面，日本政府在这10年间投入了42万亿日元的农业补助；另一方面，为支持和培养年轻的企业家投入的资金却不到1万亿日元。21世纪的国家靠人才和新型事业一决胜负，我们不得不认为，这是对21世纪国家的一种亵渎。

其次，进入21世纪，无形世界日益复杂，这也成为“看不见”的理由之一。网络经济轻而易举地超越了国界和时差的壁障，以远远快于人类思考与判断的速度发生着变化。网络经济加快了“无国界经济”的发展，使“多元经济”的影响范围达到最大。

定期存款的利息是我们能够看到的，但在原有的思考空间中，我们却无法看清以金融学为基础的“多元经济”的状态。在汇集了人类智慧的精华，每时每刻都在发生着变化的网络经济、无国界经济和多元经济的空间中，再加入原有的实体经济，形成了一个四维世界，准确地把握这一世界并非易事。

约翰·凯恩斯曾经向经济学中引入宏观经济的观点，给资本主义经济带来了变革。然而，凯恩斯的慧眼捕捉到的只是“看得见的世界”。有效需求的出现产生供给，供给产生雇用，雇用产生税收和消费——这是“旧大陆”的经典理论。然而，这种经济思想如今只不过是织就新经济这块巨大壁毯的一条纬线而已。

自由自在地操纵错综复杂的四维经济空间，发挥各自的可能性，并从中获得无拘无束地构思事业的能力，这绝非易事，但它恰恰成为在“看不见的新大陆”称霸的条件。事实上，从近些年的事例来看，几乎所有获得成功的新事业，其领域都跨越了这四个经济空间。在旧有的领域或单一的领域开展的事业，大多在中国、南美以及东南亚周边地区，日本的人工成本在全世界最高，因而此类事业是不可能获得发展的。如今的时代，就连总公司的业务和职能部门的业务也跨越了国界。

如今，我们轻而易举地推翻了以往的常识，正置身于全新的经济空间。生活在没有常识的时代便是“看不见”的第三点理由，从人类的本性而言，可以说这正是最大的理由。作为培养先见能力的方法，我之所以认为不可效仿

20世纪，其原因也正在于此。

在谈论日本经济的未来时，政治家、政府官员、媒体以及企业界人士都异口同声地认为，通货紧缩的发展非常可怕。然而冷静地想一想，这显然是无法回避的。达到一定品质的东西以便宜的价格大量流入，如果消费者选择这种商品，当然会引起通货紧缩。以最便宜的价格购买世界上最优质的东西，这是无国界经济给我们带来的恩惠。

日本正以世界上史无前例的速度进入老龄化社会。按照推算，今后每年有1%的人口，也就是近60万人离开商业第一线退休。这样，不少人将不再创造附加价值，即不再为GDP（国内生产总值）做出贡献。这与日本经济以每年1%的速度迈向通货紧缩的含义相同。

基于人口统计进行计算，我们发现，至少在今后的25年中，通货紧缩得不到抑制。要想在此过程中摸索发展经济和扩大收益的方法，只有在未开发的新竞争领域中找到与以往不同类型的全新的事业领域。脚力只有在行走的过程中才能增强，同样，先见能力也只有在不断思考中才能得到锻炼。在此过程中，大家制订了无数的商业计划，这些商业计划可能会在时机成熟时得以实现。

第三章 构思能力

在生存的竞争中，仅凭先见能力出众并不足以取胜……要想成为新竞争领域的霸主，不仅要能够抓住机会，还要有能力以最快的速度和最佳方法让机会变为现实，也就是说要在所预见到的未来蓝图的基础上构思新的事业并付诸行动。

仅有先见能力是不够的

一些企业尽管富于先见性，但由于没有冷静地思考如何走向成功而被淘汰，在市场中销声匿迹，这样的实例不胜枚举。

如今，引领全球经济发展的动力存在于眼睛看不见的经济空间，因此，要想看到事业的萌芽并捕捉到事业发展的良机，洞察看不见之物的能力，也就是“先见能力”必不可少。然而，在生存的竞争中，精神松懈与判断失误都很有可能是致命的，仅凭先见能力出众并不足以在这样的竞争中取胜。要想成为新竞争领域的霸主，不仅要能够抓住机会，还要有能力以最快的速度和最佳方法让机会变为现实，也就是说要在所预见到的未来蓝图的基础上构思新的事业并付诸行动。

在任何组织中，都有或毛遂自荐或别人推荐的“点子大王”。其中不少点子的确非常独特，让人感到很有先见性，但这些“点子大王”出过主意之后往往不再负责任。如果点子未被采用，他们会摇身一变，成为评论家，充满先见性的点子也便无法实现。只有不断向前迈进，先构思，然后决策，最后实行，点子才能获得生命力。

一些企业尽管富于先见性，但由于没有冷静地思考如何走向成功而被淘汰，在市场中销声匿迹，这样的实例不胜枚举。硅谷正上演着淘汰出局的故事，那里的例子很好地告诫我们：不要乐观地认为，只要进入未来的事业领域便能收获果实。

日本也出现过生命技术和多媒体的热潮，人们以为这两项事业将来必定会有所发展，但此类发展中的市场往往鱼龙混杂，置身其中的企业很有可能被淘汰。事实上，当时的“参赛选手”比别人早一两步进入这些领域，他们极富先见性，而如今这些“选手”又剩下了多少呢？我们不得不认为大部分“选手”都缺乏构思能力。最近，这种现象又出现在移动电话市场，摩托罗拉的“铱星计划”可以让我们引以为戒。

“铱星计划”于1998年11月开始实施，是世界上最早通过卫星方式提供的移动电话服务，目的在于使全球的每一个角落都能使用移动电话。66颗低轨道环绕卫星（当时的计划是77颗卫星，这一数字为铱元素的序号，因此得名）共同覆盖于地球上空，这个宏伟而颇具野心的计划受到全世界的瞩目。然而，关键人员未能全部参与此项计划，“铱星计划”开始服务仅一年后，铱星公司便向纽约联邦法院提出了适用《美国联邦破产法》第十一章进行破产保护的申请。

“全球的每一个角落”这种想法并非无法实现。事实上沃达丰（Vodafone）正在继续完成这项工作。就摩托罗拉的无线技术而言，这并非不可能实现。然而，由于摩托罗拉对这项史无前例的工作过于慎重，开发速度缓慢，因此早期投资巨大，技术上遗留了未解决的问题，而这项事业正是在此种情况下开始的。

更有甚者，与蜂窝式等领先的移动电话服务相比，它的通话速度缓慢，通话费用相当昂贵，而通话质量低劣。虽然该计划强调在全球的每一个角落都能通话，但室内通话不断出现故障（比如在电话使用频率较高的办公室内）。专用手机的价格也非常昂贵，而且机型较大，不便于携带，总之缺点很多。结果彻底违背了用户最本质的需求，被评价为缺乏吸引力的服务，如今该计划仅用于通信领域的细分市场，如发展中国家水坝的施工现场等。

虽然这项计划有着本质上的缺点和缺陷，但最沉重的打击还在于从开始实施计划到提供服务的短短数年间，蜂窝式移动电话取得了飞跃式的发展。“铱星计划”冷静地分析了技术革新的速度和用户需求，但这项计划却未能取得成功，因此它所预见到的市场被竞争对手夺走了。它不仅未能控制市场的发展，而且还在通向市场的入口处受到了致命的打击。

同样的例子在电子货币领域也随处可见。从 20 世纪 90 年代中期开始，不少企业通过研究和试验推出了电子货币，如英国的 Mondex、美国的 eCash 和 Cyber Cash。但它们在没有认清用户本质需求的情况下，在市场中盲目竞争，没有一家企业的规模与收益足以收回首期投资。

无论是无国界的移动电话服务，还是通行于网络领域的电子货币，用户的潜在需求都在迅速增长。这些企业所预见的未来蓝图未必是错误的，但旧有的成功法则在新的经济空间不再适用，它们缺乏对新的经济空间的认识，缺乏感知新规则、按照变化速度构思新商业模式的能力。

成功的必要条件和充分条件

即使具备先见性，在必要条件和充分条件尚未得到满足，或无法严密地证实是否得到满足的情况下，单纯追求技术上的可能性也只能以白日梦而告终。

把预见到的未来蓝图变为具体的商业模式，必须详尽而周密地构思出一个计划以满足成功的必要条件和充分条件。必要条件为社会的基本需求。如果此项事业能够满足顾客的需求，则开始从市场和财务方面调查取证——有多少人赞成，需要付出多大的代价，设计出回收这一代价的方法并制订计划。而考虑钱包里有多少钱，对整个事业进行构思，则是成功的充分条件。

当然，仅仅满足这些条件并不能够确保成功，况且牢记这些基本做法的商人也并不多。事实越积越多，在冷静而透彻地验证并做出决定的一系列过程中，不少人依赖的是以前的事例以及自身的经验。即使具备先见性，在必要条件和充分条件尚未得到满足，或无法严密地证实是否得到满足的情况下，单纯追求技术上的可能性也只能以白日梦而告终。卫星移动电话服务、电子货币、由政府推动的日本 BS 数字电视都潜藏着巨大的风险性。

BS 数字电视从一开始就没有满足必要条件。BS 在未能充分确保观众数量的情况下，期待着通过数字化使频道增加 8 倍后，观众便会迅速增加，这只不过是幻想而已。他们甚至还期望消费者购买价值 4 万日元的成套机顶盒，但对内容的制作或调配问题却不屑一顾，认为频道增加后自然会有内容来填充。

“Sky perfec TV”也一样，它共有 800 个频道，大部分办得都很艰苦。我为 757 频道提供了一个 24 小时连续播放的有关经营方面的节目，数年前便开始赢利。在节目的制作方面，主要内容是自己每日的思考、注意到的一些事情、顾客或有识之士的意见等。很多人对我的这种做法并不理

> 成功的必要条件和充分条件是随着技术革新而时刻发生变化的。即使是同样的商业计划，如果创业的时机和事业的发展速度不同，成功的必要和充分条件也不一样。

解，因为如今，大部分频道播放的都是别人制作好的节目，或者与国外合作。通信和广播电视属于受限制的行业，开办频道本身便与利益挂钩，而如今决定胜负的是频道播放的内容，不是频道的数量，但数字电视领域正重复着这样的错误。

日本停止生产模拟制式的电视机，助长了这种愚蠢的行业行为。而在此过程中宽带通信日益普及，完全可以按照要求输送电视画面。如今，我开办的频道已率先走向世界，从 2004 年 8 月开始，不仅在日本，而且向全世界发送信号。

政府在行政方面不断强调广播电视和通信，这是因为其对 21 世纪的技术和经济一无所知。当然，对于这样的政府和行业所提供的服务，多数消费者也不会予以理睬。观众不多，便得不到企业的赞助，宽带通信提高了在线图像发送的速度，于是，“铱星计划”被蜂窝式移动电话夺走市场的现象再次出现。目前，所有BS数字电视台都出现金额巨大的赤字。这本来是在构思阶段就应该有人预测到的。

我每年都能收到800个左右的商业计划，遗憾的是大部分都是白日做梦。其中不少商业计划与互联网服务有关，作为点子而言，有的很有意思，但如果不能正确理解多元经济空间、真实的社会需求以及经济空间的无国界化，而只考虑到网络经济，预见到的可能性是无法开花结果的。

在多维经济空间的领域构思事业时，不少企业家企图通过研究现有的成功模式寻找答案，这里存在一个巨大的陷阱。成功的必要条件和充分条件是随着技术革新而时刻发生变化的。乐天（日本）正是因为在创业初期就满足了“那个时代”的必要条件和充分条件而取得了成功，因此客户汇集，点击数增加，呈现出一派繁荣的景象。即使是同样的商业计划，如果创业的时机和事业的发展速度不同，成功的必要和充分条件也不一样。乐天也需要在今后的发展中不断修正自己的发展轨迹，以满足新的必要条件和充分条件。

我们绝不能简单地认为只要有先例，就一定能获得成功。特别是成本的回收，即结算，是一个充分条件，周密的设计必不可少。网络商店开业很容易，但根据美国的统计，得到最初1美元的收益，平均要花费84美元的成本，这就是说，网络商店比实体商店需要投入更高的初期成本。

即使顾客把选好的商品放入购物车中，也点击了结算页面，但在输入信用卡信息之前，还是有八成的顾客放弃了交易。此外，即使愿意在网上输入信用卡信息，但由于需要输入的条目较多，对输入方法有各种限制，并且就信息的性质而言，又不允许有任何细微的差错，因此不太容易成功。如果三次被拒绝，只要不是特别想要的商品，几乎所有人都会放弃购买。

事实上，在这一阶段放弃的顾客相当多。只要在回收成本方面略有疏忽，在“吸引顾客”“选择物品”“引领顾客来到收款台”等任何一个环节都有可能花费更多的成本，这一点我们应该时刻铭记在心。

把握变化的速度与规模

产业发展的历史便是企业被淘汰的历史，特别是信息技术网络革命以后，事业环境的不确定性迅速增强。受此影响，全球企业大规模破产。

2004 年春，在美国的恐怖袭击独立调查委员会，即被通称为“9 · 11 委员会”的意见听证会上，面对有人追问未能使悲剧防患于未然的责任，美国政府的有关人员回答说：“准备得非常充分，方针政策也没有错误，但威胁来自我们背后，并且以远远超出我们预想的速度突然降临。”这句话正体现了产业界目前面临的巨大变化。从背后猛冲过来的是名为技术革新的庞然大物，其来势如 F1 赛车般迅猛，而且规模巨大，影响广泛。

在技术革新的大潮中，有些企业会被淘汰。当新技术取代旧技术时，未能赶上这一浪潮的企业便会销声匿迹。产业发展的历史便是企业被淘汰的历史，特别是信息技术网络革命以后，事业环境的不确定性迅速增强。受此影响，全球企业大规模破产。

以前，企业在濒临破产时，能够通过股东或债权人的牵制或组织的自我调节作用挽回败局。无法避免破产的企业，如泰科国际（Tyco International）、安然、世界通信公司，多为经营队伍中了“魔法”。无论是美国保险行业的连锁破产还是美国储蓄信贷协会（S&L）的危机，抑或是日本金融行业的淘汰现象，主要原因都在于伦理和遵守法律义务的刹车设备失灵。这不能不说是环境变化带来的必然结果。

“破坏性的变化”所带来的这一悲剧始于硅谷实力的增强，这种变化后来又被称为“新经济”，与此前的经济空间截然不同。这正如大楼被爆破解体，在技术革新与环境变化这一系列炸药的作用下，单个的企业自不必提，就连整个行业也会突然崩塌。据说，亨利·基辛格担任美国国务卿时曾经诙谐地说：“下个星期不会出现什么问题吧，我的日程已经满满的了。”如今这已经不是玩笑话。问题有一天会突然出现，而且一旦出现，连行业霸主也会一并被击垮。

2004 年 2 月，Tower 唱片公司的总公司 MTS 申请适用《美国联邦破产法》第十一章的破产保护（2002 年，日本 Tower 唱片公司因与日本主要投资方共同购买该公司的全部股权而独立，因而得以幸免）。Tower 唱片公司是专营音乐软件的大型连锁企业的先驱，它最终申请破产保护是因为三年前苹果公司开始销售 iPod（便携式多功能数字多媒体播放器），并于 2003 年 4 月开始面向美国提供音乐数据有偿发送服务（iTunes Music Store）。使用 iTunes（数字媒体播放应用程序），可以下载自己喜爱的乐曲，即使是一首也可以，而且价格前所未有的便宜，每首仅为 99 美分。

这一商业模式出现于 1999 年，起源于个人通过互联网交换数据的“P2P”（peer to peer，即对等网络）运营商——纳普斯特（Napster）或努特拉（Gnutella）。不过，通过这一软件交换的大部分音乐数据都属于非法下载。2003 年，纳普斯特破产。幸运的是，它同年被 Roxio 收购，重整旗鼓，开始了音乐配送服务事业。

通过互联网提供音乐配送服务虽与大部分人的想象背道而驰，却获得了巨大成功。前面提到的 iTunes，在开始提供服务仅一周后，下载量便超过了 100 万首。参与策划 iTunes 的各唱片公司曾经告知苹果公司的管理者，判断音乐数据配送事业能否成功，要看每月的下载数量是否能够达到 100 万首。

在美国，继 iTunes 和纳普斯特之后，沃尔玛音乐下载、Connect（索尼）、RealOne 狂想曲（RealOne Networks）、音乐网（美国在线 / 时代华纳 / 贝塔斯曼 / 百代唱片 /RealOne Networks）等不断加入进来，展开了激烈的争霸战。发展动向受到世人关注的微软在 iTunes 发布 4 个月之后，开始向欧洲市场提供每曲 0.99 欧元的音乐数据配送服务——MSN 音乐俱乐部。

这样一来，现有的 CD 零售连锁业便在顷刻间垮台。2003 年 5 月，Tower 唱片公司在不知所措中申请了破产保护。Virgin MEGA Store 试图像巴诺公司（Barnes & Noble）超越亚马逊网上书店一样获得成功，但这一行业已经不太可能维持原状了。

CD 商店的营业额虽尚未大幅下降，但股价已不再上如果出现了应用新技术的新一代产品，市场否定了前一代产品，制造企业所从事的事业便不得不退出舞台。

涨，我们通过股票市场能够轻而易举地预见到其未来的发展趋势。总之，CD零售业会被我所阐述的“看不见的新大陆”中的四要素之一“多元经济”所淘汰。

未来将由宽带发送图像，录像带租赁行业也面临着同样的忧虑。事实上，在Tower唱片公司申请破产保护的同时，从事录像带租赁连锁业的百视达（Blockbuster）宣布完全撤出中国香港市场，该公司曾计划作为打入中国的开端而着力开发香港市场。总公司维亚康姆集团一方面已经与百视达一分为二，以优惠的条件请股东交换股票。我们认为，这是为了出售或申请破产而采取的措施。另一方面，公司已经感觉到风险巨大，做好了连录像都能像音乐那样通过宽带下载的准备。我们从中可以看出，公司在遭受失败后很难东山再起。百视达曾经通过扩大店面的规模，为总公司带来了巨额的现金流，但过去的辉煌已一去不返。

面临突然破产危机的不仅仅是新兴产业。20世纪80年代末，唱片针头顶级制造商长岗公司破产。该公司技术独特，其他公司难以模仿，其唱片针头在市场上长期居于优势地位，然而CD这一新技术出现后，随着唱片业的衰退，市场对唱片针头的需求在瞬间便消失了。我们已经看到，如果出现了应用新技术的新一代产品，市场否定了前一代产品，制造企业所从事的事业便不得不退出舞台。

柯达和富士胶卷曾经被称为“卓越的公司”，但由于数字化革命以出乎意料的速度发展，这类传统公司的发展势头受到遏制。2002年，全球市场数码相机的需求量超过胶卷相机。胶卷卖不出去，人们不再需要相纸，用于冲洗照片的特殊纸张丧失了销路，这一行业遭受了沉重的打击。正因为如此，大家争先恐后地在全球范围内开展冲印连锁业务，争夺相纸的市场占有率，这种局面如今反倒阻碍了企业转变发展方向。

柯达缩小了胶卷事业，把事业的中心转向了专业市场和医用数字成像系统。富士胶卷也计划将设备中的七成投资用于制造数码相机。然而，数码相机市场在发展的同时，竞争也愈演愈烈，价格迅速降低。仅就日本国内的数码市场而言，包括出口在内的发货数，近5年内就增加了8倍多，平均单价却下跌了四成。对后起的企业而言，这种形势十分严峻。

普及型数码相机的出现使得原有的胶卷市场烟消云散。这一事态的出现也并非完全不可预测。胶卷行业曾经存在过几百家企业，它们几乎都经历过竞争激化和全球化的洗礼，最后生存下来的仅有4家。以市场占有率平分世界市场而著称的柯达和富士胶卷，此时正处在最艰苦的时期。

柯达和富士胶卷均已对数字化做好充分准备，但在原有规则下赢得比赛全胜的经验和记忆使它们很难果断做出决策。现有的资产成为负担，难以采取行动，原有经济规模的优势开始起副作用。尽管如此，对于胜利的留恋还是使公司难以做出缩小规模或撤出市场的决定。从另一方面而言，正因为已经形成了固定的商业模式，仅从工艺方面改变企业路线是无法应对这种变化的。

因此不管怎么说，这两家公司失败的最大原因在于没有想象到在短短三年内，数码相机在全球范围内普及，达到6000万台。它们认识到了威胁，但在构思向数字化转即使是投入最新技术生产的产品，在变为成品的瞬间也已经陈旧了。

型的阶段，却错误地认识了其规模与速度。而更大的问题还在于固有的行业意识。这两家公司都是胶卷行业的赢家，它们把获胜的手段——照相机行业作为事业发展的前提。

然而，数码相机只不过是计算机的一种输入设备而已。只要有一台两万日元的彩色打印机，普通家庭便可成为“微型暗房”。更有甚者，移动电话兼容了数码相机的功能，照相机行业哪里还谈得上是一个行业，简直成了一个“零件”，只不过是诸多输入输出设备的一部分。但从事这一行业的人是否认识到了这一点呢？

具备这种认识与不具备这种认识的公司之间展开竞争，把顾客也卷了进去。目前我们还看不到这场竞争的结果，但几年后便会得出结论。对顾客而言，对数码相机的投资是多余的，我们已经看到了数码相机的“墓地”。一次成像照相机、MD（Mini Disc，迷你磁光盘）机器和摄有些组织在改变战略以及把预见到的东西转变成构思的过程中花费了过多的时间，这样的组织，即使是历经磨难的大企业，也无法生存下去。

像机几年光景便“忧愤而死”，面对它们的残骸，思考一下“什么是战略”“什么是构思能力”并非坏事。我们不能忘记，即使是投入最新技术生产的产品，在变为成品的瞬间也已经陈旧了。

有些组织在改变战略以及把预见到的东西转变成构思的过程中花费了过多的时间，这样的组织，即使是历经磨难的大企业也无法生存下去。传统的胶卷公司和相机公司，即使以每年 20% 的比例毅然裁减员工，也无法获得复兴。

柯达、富士胶卷和宝丽来目前的竞争对手是佳能和索尼，卡西欧和松下电器也在殊死奋战。然而，置胶卷相机于死地的数码相机在它呱呱坠地的同时，便停止了呼吸。三星手机所提供的功能使照相机本身失去了存在的必要性，这是三星公司为了使整个照相机行业走向没落而采取的战略。索尼也一样，它与爱立信合资的移动电话业务采取的战略是消灭数码相机。如今，几乎所有的移动电话都具备数码相机的功能，相机只不过成为一个“零件”而已。

人类的眼睛无法识别超过300万像素的画面，也就是说生产超过300万像素的相机毫无意义。而作为“零件”的数码相机的性能已经超出了这一限度。除了专业摄影师和摄影爱好者，其他人已不会再去花钱购买数码相机这种商品。在美国，一次性数码相机仅卖10美元，风靡一时的一次性相机这一行业已经衰落。

电子商务的三个关键点

门户网站只要略微偏离中立的立场，用户便会怀疑“这里也许不是最好的”而最终离去，发布广告者也会因为觉得“是否受到了不合理的对待”“相似的网站还有很多”而选择离开。

戴尔和思科等现代“怪兽”企业都是在网络空间构思事业的先驱。这两家公司创办于1984年，自由自在地操纵着4个经济空间，创业20年后，如今仍在不断发展。分析它们所共有的成功基因以及战略上的差异，我们首先需要关注的是如何控制电子商务必不可少的3个关键点，即门户网站、综合物流和结算。如果能够控制好这3个关键点，便能很好地掌控接受订货、送货以及收取货款的过程。

门户网站

据说现在网络上有5亿多个网站（约100亿张网页）。网络世界中既没有地图，也没有路标，在数不胜数的网站中开始寻找独一无二的目的地时，我们甚至连这些网站的存在都无从知晓——带领我们进入这些网站的便是门户网站。门户网站的特点是，它一旦成功，用户的点击数便会成倍增加。这正是多元经济的法则。

由于有了无国界的网络空间，大家很快就发现门户网站使用起来非常方便。与知名品牌一样，门户网站的重复使用率很高。也许有人不会再次光顾，但与这些人相比，重复使用者和新加入的使用者占绝对多数。因此，随着使用互联网人数的增加，用门户网站的人数也相应增加。

目前领先一步的门户网站当然是谷歌了。与以雅虎为代表的文件目录式不同，谷歌采用的是并行处理方式。通过搜索引擎进行自动搜索，以关键词分类，把数据储存在自己公司的计算机中，几秒钟之内便能完成搜索要求。谷歌的首页与雅虎相比占绝对优势，目前是网络广告的首选。

被检索页是否能排在搜索结果的前三位，点击数会有天壤之别。在出现的几万条搜索结果中，有经验的用户会倾向于点击前三条。联动搜索型广告取得巨大发展，主要也是基于网络用户的这一习惯。在互联网的密林中，人们对自己发现的东西特别兴奋。“森林探险队”对于报纸等媒体无动于衷，而对于自己发现的猎物则不惜金钱。

据说排在搜索结果前三位的广告效果超过了一次几千万日元的整版报纸广告，于是在谷歌内部有人提议为此收取费用。但是谷歌这样的门户网站以及“乐天市场”这样的商业街，其生命线在于主办者保持中立。他们最终认清，采取在目的页打出横幅广告的形式已足够，此举未来的价值足以使谷歌的市值总额达到30万亿日元。

门户网站只要略微偏离中立的立场，用户便会怀疑“这里也许不是最好的”而最终离去，发布广告者也会因为觉得“是否受到了不合理的对待”“相似的网站还有很多”而选择离开。用户和发布广告者一旦离开网络商店，要想使他们回头，比实体商店要困难数倍。乐天公司采取扩张自己在旅游类和证券类商店的战略，从这方面而言，这种战略值得怀疑。

对创立于一间学生宿舍的戴尔公司而言，它获得成功的主要原因在于早期便得到了联邦快递这一强有力的综合物流伙伴的支持。

尽管大家公认微软在计算机世界占绝对优势，但如果门户网站提供的服务像微软的“expedir”，用户则有可能离开。但普遍而言，由于门户网站采用的是只有多元经济（对未来的期望值决定着现在的市值）才具有的商业模式，因此如果偏离了中立性，好不容易取得的成功瞬间便会烟消云散。亚马逊因向出版商收取部分书评费用一事败露而遭到众人的非难，就证明了这一点。

综合物流

第二个关口是综合物流，用一句话来说，就是组成最合适、最强大的联盟。全球性的点对点（end to end）服务已把三家强大的企业置于麾下，它们是联邦快递、UPS（美国联合包裹运送服务公司）以及 2001 年把 DHL（敦豪航空货运公司）彻底变为子公司的德国邮政。大和运输公司虽然在日本国内提供同样的 24 小时物流服务，但却无法登上全球综合物流的舞台。

在全球综合物流方面走在最前列的是联邦快递。该公司很早便预见到互联网时代即将到来，从 20 世纪 80 年代末开始，顾客即可利用互联网跟踪并核实自己物品的所在地。公司以此为杠杆，承揽了戴尔和思科等美国大型信息技术企业的物流，取得了飞跃式发展。对创立于一间学生宿舍的戴尔公司而言，它获得成功的主要原因在于早期便得到了联邦快递这一强有力的综合物流伙伴的支持。

戴尔的模式非常有特色，订货方和接受订货方的体系合二为一，在整体 ERP 的基础上运营。CRM（客户关系管理）与 SCM（供应链管理）合为一体，而联邦快递的 LEC（综合物流与电子商务）使这一划时代的体系成为可能。戴尔把它与自己公司的系统连接起来，与交货有关的一切业务都交给联邦快递处理。正因为控制了最强大、最适宜的综合物流，戴尔才能把根据订单生产的计算机迅速送到全世界的顾客手中。如果没有综合物流的发展，戴尔也许不会取得成功。

在服装行业推行戴尔这一模式的是西班牙的 Inditex 集

团，它以ZARA（飒拉）等品牌闻名。该公司的物流中心位于西班牙的拉科路尼亚，它的综合物流系统采用了丰田的看板管理方式和联邦快递的高速原料加工供应者方式（material handling conveyer），后来与DHL合作，规模庞大。该公司建立起一套系统：每周从全球2000家店铺接受两次订货，欧洲在24小时之内、美国在48小时之内、日本在72小时之内交货，实现店铺库存为零。这一系统让我感觉到了该公司绝不追随其他公司的气魄。

通过掌握产品生产的流程以及信息的流动来加深与顾客的关系，这是向全球各地送货必不可少的。与门户网站的情况一样，这样可确保顾客重复使用，通过在全球发展此类服务系统，真正享受规模经济。也正是因为具备了这种规模，新的竞争对手难以出现并加入进来，联邦快递、UPS和德国邮政这三强牢牢掌握了全球交货服务这一基础事业领域的霸权。

结　算

第三个，也是最后一个关口是结算，目前现有的信用卡也可用于网上交易，即使认为市场由VISA（维萨）和

Master（万事达）两家公司分割也绝不过分。新人加入综合物流非常困难，而与此相反，结算领域的情况是，即使出现竞争对手也不足为奇，理由之一便是信用卡原则上难以进行少于 10 美元的小额结算。

在线提供数据或服务并收取费用，例如下载一首歌曲 99 美分，一张图片 30 美分，像这种在较大的范围内赚取少量利润的情况，如果在价格交易中引入信用卡结算系统，由于要向信用卡公司支付昂贵的手续费，网络交易便失去了吸引力。在小额结算方面，颇具发展前景的一种方法是索尼推行的预付式非接触型 IC 卡“Edy”。今后，当这种卡通过 USB 接口能够很容易地与计算机相连接，且读取数据的设备费用降到 2000 日元以下时，便有可能成为一种世界标准。

具体的使用明细单以月为单位申请，这种所谓预付公共费用的系统很有可能控制网络交易的平台。出现在日本关西地区的“PiTaPa”便是一例。利用预付方式，可轻而易举地推行付款额更小的系统。在日本，政府部门的懈怠与不理解成为推行这种付款方式的巨大障碍，如果 NTT 或者东京电力能够利用现有的系统，那么只需要很少的投资，便可作为网络世界的“电子钱包”发挥巨大的作用。

在普遍存在的世界里，个人可确保自己的信用，而不需要第三者。普遍存在的本质便意味着无论何时何地都能在瞬间与互联网连接，核实本人的身份（或支付能力）。

预测到网络世界的结算会发生动荡的第二个原因与信用卡存在的意义有关。信用卡这种服务是在无法核实个人信息的时代，为了创造信用而产生的。信用卡公司对持卡人的社会地位、信用和支付能力给予担保，万一持卡人延迟付款，只要支付了加盟费，交易方便会得到信用卡公司的全额赔偿。

然而，在普遍存在的世界里，个人可确保自己的信用，而不需要第三者。普遍存在的本质便意味着无论何时何地都能在瞬间与互联网连接，核实本人的身份（或支付能力）。也就是说，信用是由个人独自创造的。

例如，如果能够实现使用浮动方式银行卡结算，对于想买5万日元东西的顾客，商店一方核实他的银行卡里还有足够的余额后，便可划出5万日元。不用引进专门的机器，利用数据包通信，处理一次查询与核实，成本还不到1日元。这样的话，一曲 99 美分的音乐配送服务，其收益会大大提高。这是在日本和美国最早申请专利的一种商业模式，1982 年我获得了这项专利。但由于来自行业领域和政府机关的重重阻碍，这种方式至今仍未能实现。这一领域是需要引进结构改革的领域之一。

在互联网世界中，有一个概念叫作“零摩擦”（friction free），意思是人和钱会一下子流向摩擦较少的地方。如果消除了法规的摩擦，今后利用信用卡进行的结算服务摩擦将会减小，这种服务将随处可见。

前面提到的“Edy”采用的是预付方式，而普遍存在的时代需要的是机动灵活的货款后付方式。此外，如果希望达到在无国界的经济空间中自由使用的目的，可考虑能够自由选择结算方式的货币。发行信用卡、预付卡和后付卡这三种功能兼备的银行卡，通过浮动方式的借贷卡使账户自由组合，结算管理的摩擦便会减少。

数年后，这种结算方式也许会淘汰信用卡，成为垄断网络世界的结算方式。从中选择什么，采取怎样的结算方式，以什么作为成功的充分条件决定着所预见到的事业能否获得成功。

设定满足8亿人市场的标准

我们所应具备的姿态是从一开始就与世界的主要市场保持等距离，也就是说，重要的是从起始阶段开始就把多个市场置于自己的视野中，据此来构思事业。

要想获得构思能力，必须对问题进行多角度观察。我们不仅需要认清作为成功必要条件的社会需求，还必须考虑到不同国家与地区的特殊情况，这一点至关重要。全球化和无国界化并不仅仅意味着没有国界、能够在世界范围内进行自由贸易，竞争对手不知会从何处出现，在地球的另一侧发生的事几经辗转，便会给我们带来深刻的影响。正如混沌理论中的蝴蝶效应所比喻的那样，“南美洲的一只蝴蝶振动翅膀，会掀起太平洋上的风暴”。

“9 · 11”事件至今仍影响着全球物流与人们行动的自由，这是因为事物之间的相互依存已经扩大到世界范围，原因与结果之间的关系变得非常复杂。正因为如此，我才不厌其烦地重复自己的观点：“以前的规则已不再适用”“质疑常识”“不可安于现状”。我们所应具备的姿态是从一开始就与世界的主要市场保持等距离，也就是说，重要的是从起始阶段开始就把多个市场置于自己的视野中，据此来构思事业。雀巢与强生等消费品厂家从很早以前便持续实践着这一方法。

从20世纪60年代开始，消费者分化为日、美、欧三极。进入80年代后，这一倾向更加明显，企业必须同时并迅速地进入所有的主要市场。我在1985年出版的《三种力量》一书中，详细分析了其动向与变化，提出了国际企业战略的新视点。

同质化的进程由于信息技术网络革命而加速发展。目前在世界上存在着8亿消费者，他们的学历、收入和生活方式都非常接近。与国籍和所居住的国家无关，收入水平和消费性质相近的这8亿人，通过互联网在同一时间享受着同样的信息。Tower唱片公司、百视达、柯达、富士胶卷以及宝丽来等公司共同的失误是，它们没有正确预见到这8亿人规模的市场正在迅速形成。

到2005年，10亿台计算机遍及世界各地，以日、美、欧为中心，韩国、中国以及印度等国家共有约8亿人拥有互联网的protocol ID（协议标识符）。8亿人约占世界总人口的13%。顺便提一句，据说年收入超过1万美元的有7亿人，其中绝大多数人每天都在Windows操作系统的环境中上网，并利用谷歌搜索信息。即使是初次接触网络的人，5年后也会在同样的环境中、用同样的方法搜索信息。这就意味着具备一定的经济能力、了解网络世界新动向的人们几乎能在同一时间获得同一性质的信息。当然，他们的行为模式和生活方式会逐渐变得相似。

如果以这种全球化市场的存在为前提来思考问题，我们就会理解为什么数码相机无法作为胶卷相机的替代品而普及了。数码相机只不过是计算机的一种输入方式而已。带拍照功能的移动电话取代数码相机也是同样的道理。我们已经拥有一个8亿人规模的成熟市场，人们把计算机作为日用品来使用，是数字化的受益者。

21 世纪的商业模式需要的不是阶段性地培育全球标准，而是创造出全球标准本身。在此之上必须构思发展“洒水车型”事业，追求全球同步。

iPod 和 iTunes 的情况也与前面所论述的一样，更何况音乐本来就具备轻松超越国界和语言障碍的力量。在受到 CD 这一商品制约的行业中，世界上哪里的在线音乐行业充满活力，哪里的在线音乐就会像多米诺骨牌倾倒一般立刻传遍全球。无论国家实行怎样的规定，也无法与 8 亿人规模的全球市场需求相抗衡。

以前，公司推进事业采用的是“瀑布型”方式，即首先在自己的国家取得成功，然后打入海外。而如今如果我们依然采取这样的方式，那么在事业推进的过程中，当面向本国开发研制的商品和服务向海外市场转换时，其他公司可能会提供同样的商品与服务来抢占市场。而且本国市场同样也在变化，在此取得的成功转眼间便成为过去时。如果是这样，连早期的开发成本都有可能收不回来，更遑论打入世界市场。

我们本来也无法期待不符合全球标准的产品和服务会有很大的需求。要想控制无国界的经济空间，首先应该详细调查8亿人的需求，从一开始就构思8亿人能够接受的产品和服务，这一点至关重要。在中国畅销的移动电话并不是中国研发的，而是日本和欧洲的最新型号。这和印度廉价而实用的国产小型汽车“国民车”截然不同，这种车的型号30多年来毫无变化。

21世纪的商业模式需要的不是阶段性地培育全球标准，而是创造出全球标准本身。在此之上必须构思发展“洒水车型”的事业，追求全球同步。关于营业能力，公司如果自身无法掌控，可以在战略上进行合作，以获得能够在所有的战略领域瞬间推进的营业能力，这一点至关重要。

沃尔特·迪士尼为了建设一个梦中王国，选中了佛罗里达州的奥兰多。他想，那里有着未曾开发的广阔土地，终年气候温暖，从地理上来讲，肯定能吸引东部的人们前来。这一构想在他去世后得以实现，其规模发展到110平方公里，等于曼哈顿的两倍，山手线内侧的1.5倍。

这项事业每年吸引着2500万人前来游乐，它源于迪士尼宏伟的梦想——“Think Big! Think Bigger!”（目标远大！目标再远大一些！）在 30 年后的今天，8 亿人的社会成为企业在残酷竞争中争夺的市场，把 8 亿人的社会作为“一个市场”来看，这一命题已经十分清晰。

未雨绸缪

正向成倍发展的企业和负向成倍衰退的企业壁垒分明，不存在模棱两可的中间企业。总之，只有两种情况——成功与失败。

iPod 出现 3 年后，CD 零售连锁的营业额比上一年减少了 20% 左右，而柯达和富士胶卷的营业额减少了 10% 左右。在如此严峻的环境中，精糖、造纸和水泥等行业也被卷入淘汰的大潮，很久以前便属于衰退产业了。也许造船、钢铁和家电等行业也会经历这一过程。

以前曾经有办法抵挡这种衰退，例如努力进行技术革新，寻找发展中国家的需求，打入相邻的事业领域等，但目前这些方法只能在部分产业中有效。而遭受数码经济冲击的事业和产业，在无法满足8亿人需求的瞬间便走到了尽头。因此安迪·格鲁夫说："只有偏执狂才能生存。"

剧烈变化意味着当方向发生错误或决策失误时，重整旗鼓所要花费的时间比以前缩短了。而且全球化意味着这种剧烈的变化会在瞬间波及全世界，世界规模的大潮不断涌来，我们无处可逃。以前在发达国家的市场销售不出去的缝纫机或电话可推销到发展中国家或开发程度较低的国家，而如今，发展中国家充斥着移动电话以及便宜的成品，那些过时的商品已没有销路了。

我想再次强调，现在的经济具有多元化的特点，新事物在成倍地增加。不过，这并不一定只意味着积极作用，消极作用同样存在。我们可以回想一下，在2003年的股票市场中，巴西、俄罗斯、印度、中国的股票不停歇地猛涨；1997—1998年，以亚洲金融危机为起点，世界经济落入低谷，经受了考验。

多数行业发生了所谓的"两极分化"，赢家和输家让人一目了然。发展势头强劲的企业最大限度地利用股票收益率等多种因素，其势头越发强劲；同时，失去发展势头的企业的股票价格下跌，陷入不断衰退的恶性循环中。正向成倍发展的企业和负向成倍衰退的企业壁垒分明，不存在模棱两可的中间企业。总之，只有两种情况——成功与失败。

互联网自不必说，在数码技术和网络技术初露锋芒时，哈佛商学院的克莱顿·克里斯坦森教授就把这些技术称为“disruptive technology”，即“破坏性技术”，“disruption”本来是在进化中产生的“分歧”之义，这种毫不留情的淘汰又被称为“brutal filter”（暴力过滤器）。信息技术的确可以被称为破坏性的技术，它把企业一分为二，或取得发展，或遭到淘汰。

毋庸置疑，胶卷相机和 CD 就是先例，这两个行业已无法隔岸观火。通信、金融、医疗、教育等产业也很有可能受到破坏性技术的影响而突然宣告破产。这种攻防战在通信行业已经打响。2000 年，日本国内的移动电话数量便已超过了包括 ISDN（综合业务数字网）在内的固定电话，与此同时，美国的 IP 电话（宽带电话或网络电话）也开始迅速增加。此后不到两年，连原有型号的 PBX（公司内部使用的电话业务网络）也被适用于 IP 电话的型号打败。原有型号市场的消失只是时间问题。

日本已经正式引进IP电话，可操作性以及音质等技术性课题已经得到解决，如果普及迅速，“市内外”“长途”“国际”等传统电话业务的区别转瞬间便会消失。这对负责电话工程以及PBX的维护与应用等相关行业的打击也是巨大的。此外，考虑到超过半数的手机都适用于网络，我们从中还可以看到其他行业的未来蓝图。

金融领域与此相同，有的企业不断获得发展，有的企业则被淘汰。决定企业命运的还是非接触型IC卡的发展动向。其中最值得关注的是JR东日本（东日本旅客铁道）开发的Suica卡。该公司由于2004年春天宣布向FeliCa Networks投资而受到关注，FeliCa Networks是由索尼和NTT Docomo共同出资，开发研制用于移动电话的IC卡的一家公司。此举是为了引进移动电话Mobile Suica，这种移动电话具备电子支付即IC乘车卡Suica的功能。

仅在半年前，索尼公司刚刚宣布了自己的计划，这就是把公司研制的非接触型IC卡FeliCa用于Docomo的第三代移动电话FOMA。FeliCa的技术也被应用于Suica，再加上Suica现有的预付功能，便具备了货款后付以及信用卡这三种功能。

以中国香港的地铁为代表，索尼已经为全球提供了5000万张FeliCa，而Docomo已经拥有4500万名加盟者。这两家公司自开始提供服务以来，以上下班的职员和上下学的学生为中心，已经发行了700万张Suica卡。2004年3月，JR东日本也开始提供电子货币服务并加入进来，如果这几家公司成为一体，我们即可持移动电话通过检票口，到月末再支付费用。我们可以预见这样的前景：同一张卡既可以像信用卡那样用于购物，也可以通过预付的方式作为零钱包使用。在关西，以阪急电铁为中心，已具备此种功能的系统正在投入使用。

即使持有几张塑料信用卡，频繁使用的基本上也只有一张。如果与每日必用的月票和移动电话合为一体，这种信用卡很有可能成为“第一卡”，从一开始便可期待拥有相当数量的用户。

除了FeliCa，索尼公司还有一种预付卡专用的卡式电子货币——Edy。这一名称取自欧元、美元和日元英文的第一个字母，一看便知，其目标是开发出一种能通行于全球的货币。民间企业（而非政府）采用预付方式发行货币，在

2004年7月通过移动电话开始服务以后，使用范围稳步扩大。如果日本道路公团民营化，ETC（自动收费系统）兼容这些功能的前景也并非不可描绘。

有人会问，在哪里、以怎样的时机控制电子结算的平台呢？确定实际使用标准的关键又是什么？重要的是，在找到答案之前自己先构思，并且为实现这一构思开始行动。

“and”还是“or”?

如果我们想要与“旧大陆”的产业基础保持联系，那么要想在“新大陆”取得成功则会变得非常困难。

无论是称雄全球的老牌企业，还是风靡一时的新兴霸主，都可能会在变化面前瞬间倒下，原因之一便是在“选择”的阶段未能做出准确的判断。多数企业简单地认为自己摸索出的成功法则尚且有效，它们曾经通过发展自己的核心事业摸索出一套成功的法则，而如今，它们仍然依靠这些法则去赚取利润。

这些企业的领导者即使看到了变化的预兆，对于放弃现有模式也非常慎重，他们企图用“and”将原有的和新出现的事物联系起来。然而，用“and”加以联系，现有商务的固定费用将会成为羁绊，新商务无法开足马力全速发展。谨小慎微地搞多样化不仅会丧失动力，而且这儿也想插手，那儿也想插手，最终会导致全面的失败。如果我们想要与“旧大陆”的产业基础保持联系，那么要想在“新大陆”取得成功则会变得非常困难。

索尼公司靠非接触型磁卡技术取得了绝对优势，却未构建起结算的平台，仍然依赖于零件制造商。日立制造厂研制开发出优秀产品芯片，却没有把整个公司变成专门的物流公司。这些公司虽然都在提倡“选择和集中”，但还是从事着过多种类的商务活动，各项业务齐头并进，这正是它们无法采取行动的真正原因。

综观近些年的产业社会，我们看到的不仅是环境的变化，在某种程度上还能看到我们所面对的淘汰大潮的规模和速度。其中第一个阶段是以 1998 年的圣诞节为标志。我把这一天称作“门户网站纪念日”。仅在 7 年前，大部分人还认为“互联网不可能有商业”“互联网归根结底只能成为发布信息和检索的工具”，而到了这一年，在美国圣诞节的商战中，在线零售业的营业额占到了礼品市场的 10%。这一数字比上一年增长了 3 倍，向社会展示了电子商务的未来前景。

老牌企业认为为时尚早，一直决定旁观，而亚马逊瞧不起这样的企业，它在门户网站纪念日这一天取得了令人瞩目的成果。女士内衣专卖店“维多利亚的秘密”抓住这一时机获得了飞跃式发展。“维多利亚的秘密”在门户网站纪念日这一天开始销售女士内衣，次年 2 月通过互联网直播本公司的服装展，受到广泛关注。该公司当时在全美已拥有 800 家商店，它把全球发展的重心定位为在线销售，营业额迅速增加。现在该公司在日本没有一家实体商店，但日本女性每年购买该品牌产品的支出已达到 100 亿日元。

1995 年 7 月开始提供服务的亚马逊在门户网站纪念日这一天创下 6 亿美元的营业额，比上一年增长了 313%。在这一年的假日里，访问网站的人数超过 900 万。创业仅三年半时间，其营业额便在美国国内的书店行业攀升到第三位（第一位是巴诺书店，第二位是鲍德斯书店）、在线企业的第二位（第一位为戴尔）。

然而，亚马逊当年的成功已成为明日黄花。该公司自 1997 年股票上市以来，5 年间营业赤字已经达到 20 亿美元，在很长一段时间无法走出漫长的低谷，前途堪忧，最大的原因便在于其事业规模在无意中不断扩大。亚马逊煞费苦心地把先见变为构思，并走出了成功的第一步，然而却重蹈了众多老牌企业失败的覆辙。例如，其事业的独特之处在于不花费物流成本，但公司却收购有库存的公司，重复零售行业的历史，变成了连家具都出售的百货商店。资本市场没有温情，也看不到任何征兆。对于亚马逊一系列的扩张路线，我毫不犹豫地投反对票。

不过，亚马逊意识到了自己的错误。它放弃了把公司网站发展为百货商店的做法，缩小库存规模，重返初衷，把焦点重新对准图书、CD 和图像软件等能够有效进行数据挖掘的商品。此外它还转换了商业模式，不是把自己变成百货商店或购物中心，而是为特定的顾客群提供服务，通过“网络借款”赚取手续费。

公司的发展方向由“and”转变为“or”，大部分成本采取向印度资源外包的形式，不久便有了结果。2002 年，公司首次获得营业收益，2003 年的结算数字终于转为赢利。在此过程中，没有出现抓住亚马逊的错误发起进攻的竞争对手或后来者，这是非常值得庆幸的。

只有对自己所描绘的蓝图充满自信，随时准备重新审视或放弃自己的构思，才有能力做出决策。

提到从“and”到“or”，可能有人会轻率地得出结论：还是选择和集中重要。回顾零售业的历史，19世纪马歇尔·菲尔德与梅西等百货商店的发展势头强劲，此后出现购物中心，然后发展为折扣商店，也许大家认为这是必然的发展结果。

以这些情况为依据进行分析，以上结论似乎是正确的，但请大家扪心自问：按照这种逻辑进行决策是否很有把握？在不确定性较强的市场中获得竞争优势需要两个因素，即明确的角色与明确的时机，而亚马逊的竞争对手正缺乏这两个因素。

“or”并不仅简单意味着提高经营资源的效率以及把重心放在核心业务上。用前面的说法就是，被迫站在十字路口的时候，必须做出选择，而一旦选好道路，莽撞蛮干即可——问题当然不会如此简单。只有对自己所描绘的蓝图充满自信，随时准备重新审视或放弃自己的构思，才有能力做出决策。这就要求我们保持一种截然不同的姿态：热衷于自己的构想，同时保持冷静的头脑；对自己的先见与构思充满自信，同时又不断怀疑自己的先见与构思。

勇于自我否定

为了使预见到的机会和事业不至于变为空想，我们必须有自我否定的勇气。在任何时代，最大的敌人都是自己。

经营者有时会沉溺于自己的幻想，丧失冷静而透彻地验证经济现实的能力。“铱星计划”失败的根本原因正在于此。人类原本就不擅长抛弃自己固有的想法和经验，从零开始进行思考。养成逆向思维的习惯，并不断磨炼这一习惯，则有可能防患于未然，避免在新竞争领域中受到致命的伤害。对于以自己的构想作为成功依据的定论或经济法则，我们应该尝试去否定，并以此为出发点重新构思事业。

> 有的企业能够像通用电气这样从竞争对手的角度思考问题并能动地进行自我变革，而有的企业则在自己公司内部创办并发展竞争对手的事业。

为了使预见到的机会和事业不至于变为空想，我们必须有自我否定的勇气。在任何时代，最大的敌人都是自己。以电力、家电和医药等传统事业为支柱的通用电气公司，其基业长青的原因便在于不断进行自我否定。

通用电气的前首席执行官杰克·韦尔奇号召大家“在所有的事业前面都加上否定词”，并成立了一个“破坏现有事业”小组。重电事业部变成了非重电事业部，家电事业部变成了非家电事业部。为了改变人们固守熟悉的做法、对数字化采取不予理睬的态度，为了在现有事业中加入新的商业模式，他把自我否定作为一种制度确立下来。

韦尔奇本来就讨厌维持现状和停滞不前。他断定“不能进行自我否定的企业终将破产”，让大家通过猜测竞争对手的做法，为自己的公司赢得利润，即通过思考“竞争对手是怎样进攻通用电气的”来促进公司的发展。

有的企业能够像通用电气这样从竞争对手的角度思考问题并能动地进行自我变革，而有的企业则在自己公司内部创办并发展竞争对手的事业。在后者的事例中，值得关注的是日本的利库路特公司。利库路特是纸质媒体的冠军，它否定了自己的成功，从20世纪90年代中期开始陆续创办了nabi系列网站。并非所有的网站都获得了利润，但1997年以学生为对象开办的求职信息网站rikunabi，每年有90%的毕业生注册，取得了成功。

创办rikunabi时，不少出版界人士只不过是想否定有可能毫不留情地吞并纸质媒体的网络事业，正如这项事业的创始人江副浩正所指出的那样："反正要被淘汰，还是被利库路特的人淘汰更好。"该公司以自己的事业吞并自己的事业，并把它作为发展的动力。为了不断获得最大利益，在必要的时候，公司选择全盘否定以前的工作、目标和业绩。

这是传统企业所无法做到的。作为特例而受到广泛关注的是Askul（爱速客乐）公司，它是在否定了总公司Plus（普乐士）后创立的。对文具厂商Plus公司而言，负责销售产品的文具店是最重要的顾客。然而，Askul却利用函购方式与文具店争夺顾客，把文具店变成代理店，负责发展顾客与集资业务。

Askul不仅采取了推翻行业常识的商业模式，还销售Plus公司以外其他公司的商品。不少商品的价格较低，公司在此基础上继续打折。当时，从订货到配送一般需要一个星期的时间，而Askul从接到订单的第二天就开始送货。公司内部反对之声高涨，但Plus把这项新事业定位为"为了生存而改换遗传基因"，并向公司外部推进。

据岩田彰一郎社长介绍，这项事业的确是从零开始的。讨论阶段有近30名成员，临近实施阶段则只剩下了3名——事实上，这对于摆脱Plus的固有模式非常有利。如果由30名坚持固有模式的成员推进这项事业，则很难否定总公司的事业。Askul发展为按商品目录函购领域的规模最大的企业，在Plus集团中赚钱最多，由此可见，自我否定是多么英明的决策。国誉也是一家卓越的公司，后来创办了kaunet网站。以顽强的意志首先投入新竞争领域的公司，其发展速度和实力都远远超过了其他公司。

利库路特亲手创办了对自己的基础构成威胁的网络事业，Askul也是在否定总公司Plus之后创办的。在"旧大陆”拥有一定事业基础的企业进入“新大陆”后也能保持优势，这种情况非常少见，而这两家企业则另当别论。为什么证券行业的“巨人”野村证券不得不步松井证券和Etrade证券的后尘呢？这正是问题之所在。“新大陆”和“旧大陆”的游戏规则原本不同，但对“旧大陆”一无所知也很难获得成功。

要想在“看不见的新大陆”获得成功，必须深刻洞察新旧两块大陆，并且进行彻底的自我否定。那么，否定自己的什么，又发挥自己的什么呢？对此做出取舍依据的还是构思能力。

视成功为过去时

自我变革没有止境，它通过由先见到构思、再由构思到先见的不断循环得以实现。

只有对组织的遗传基因进行重组，才能培养出开拓新竞争领域的构思能力，为此必须对投资做出大胆的决策。不过我们事先应该理解，这种投资不一定会得到回报。概括地说，我认为现在的核心事业应该占投资的 1/3，基础的研发占 1/3，其余的 1/3 留给能够按照“新大陆”的规则而构思的人才，换言之，这样的人才能够以过去时谈论过去的成功体验并分析现状，具备不拘一格的才能。

从Plus集团的人事战略中我们可以看到，中途进入公司的人，他们的头脑成为否定现状与公司发展的巨大动力。此外，索尼的Edy事业飞速发展，我们从其背景中也可以看到同样的人才战略。思科曾经因为得到了约翰·钱伯斯（他在IBM和王安实验室积累了商业经验）这位优秀的人才而获得了突飞猛进的发展。戴尔以大型传统企业为借鉴，依靠独特的商业模式不断发展。在行业环境日趋严峻的情况下，该公司在2004年1月创下营业利润率8.6%的纪录，这正是因为迈克尔·戴尔具备稀世的才能，并以服务顾客为事业的目标。

钱伯斯称赞通用电气是“完成从传统型的企业向网络企业转变的最佳典范”。不满足于现状，亲自找出自己创办的事业的脆弱之处和死角，通过改革而获得生命力，杰克·韦尔奇把这种做法称为“自省”。现代版的“怪兽”企业正因为不断发生变化，才被赋予“怪兽”这一称谓。

一切都在发生巨变，在这样的社会中，要想经得起变化，就必须经常客观地审视自己、改变自己。自我变革没有止境，它通过由先见到构思、再由构思到先见的不断循环得以实现。

> 不可制订过多的方案，从众多的方案之中选出一个能够满足成功的必要和充分条件的方案，并抓住时机付诸行动，这是非常必要的。

迄今为止，很多人对未来做过各种各样的预言，我们有必要对这些预言进行盘点、整理并加以验证，然后以此为起点构思新的事业。未来并非突然降临，而是以过去的点滴积累为基础，但只有在这种积累爆发出巨大力量时，我们才能够看清它的发展趋势。总之，我们只有正视眼前的现状，才能够构思未来的社会与事业。

在现状和变化中，肯定有某种力量在发挥着作用。这种作用在麦肯锡被称为“工作中的力量”（forces at work，FAW）。如今被认为极具价值的一项工作便是认清真正重要的力量是什么，并锻炼自己对事业的构思能力。不可制订过多的方案，从众多的方案之中选出一个能够满足成功的必要和充分条件的方案，并抓住时机付诸行动，这是非常必要的。

追求深度经济

“人不是不喜欢变化，而是讨厌自己被改变。”

要想跟上变化的速度及规模，就必须早日构思出一个机动灵活的体系，确定事业的重心，并向纵深推进。以赛马做比喻，我们首先要想清楚自己是想经营赛马场，还是想成为马主，抑或是想购买彩票押中冷门？如果从事的是铁路事业，则必须想清楚，是想铺设铁轨，控制基础设施，还是想在铁路的周边兴办房地产业；是想运送货物控制物流，还是想在车站附近建楼房，靠发展零售业赚钱？

通过日本私营铁路的例子我们可以看到，在以往的时代，所有这一切都可能通过“and”连接起来。然而，如今几乎所有私有铁路的市值总额都少于铺设10公里新型铁路的价值，这一点说明市场已经向它们下了逐客令。

正确的做法是，首先把事业的核心限定在一个狭窄的范围内，然后向纵深发展，以使竞争对手无法模仿，这一点至关重要。雅马哈的“复兴之祖”川上源一先生对此进行了彻底的思考，他使日本家庭的钢琴普及率达到世界第一。雅马哈在战后不久便重新开始了钢琴制造事业。当时日本的普通家庭非常贫穷，无力购买价格昂贵的钢琴。为了让日本人购买钢琴，他想了一个办法，就是让有孩子的家庭存一笔钢琴专用款，孩子们可以到雅马哈音乐教室学习钢琴。不说“请大家购买钢琴”，而是说“教大家学钢琴”。于是，他在当时一贫如洗的日本构建起了一个深谙市场真谛的体系。

与“规模经济”相应的一个说法是“深度经济”。特别是在网络经济中，纵深、迅速是成功的必要条件，但能够彻底做到这一点的人非常少。这也许是因为“新大陆”看不到边际，稍微取得了一点成功，人们便感觉自己的能力无所不及。例如乐天，它不去给别人提供市场，而是企图经营自己的证券公司和旅行社，此外，它还想打着多元经济的幌子经营棒球队。

与开拓期的美国一样，21 世纪的商业竞争领域没有道路，也没有边界。因此我们会产生一种欲望，那就是尽量向远处划定自己的势力范围，利用广袤的土地尽情地去做自己能够想象到的事情。不过，如果我们重蹈亚马逊的覆辙，企图搞多样化并扩大事业的规模，那么便会丧失至关重要的机动灵活性。如果我们没有亚马逊那么幸运，当我们丧失机动灵活性时，又被竞争对手乘虚而入，那么不仅无法开拓新的领域，而且很有可能丧失安居之地与可信任的市场。

胶卷行业的衰败以及 Tower 唱片公司的悲剧证明，我们已经进入这样一个时代：固守现有的理论与以往成功的经验，容易被人乘虚而入。在这种情况下，为寻找新的矿脉而随处挖洞完全是徒劳的，即便有所发现也会被别人夺走。

要想在这样的时代获得成功，必须首先从虚心验证现实中的各种事实出发。要做到这一点并不容易。为了使自己的思想从作茧自缚的状态中解放出来，有时必须彻底放弃自己好不容易积累起来的一些东西。

"旧大陆"中有不少被称为"商业精英"的人，他们试图从以前的事例中找到自己熟悉的模式，这样做是不可能有新发现的。

在麦肯锡公司的讨论中，我们经常能听到"What's new"（什么是新的）、"So what"（那又会怎么样）这样的话。在思考如何进军"新大陆"时，宣扬"旧大陆"成功的法则和逻辑，便会遭到这样的提问。不知道答案并不可怕，重要的是必须区分出自己能够看到的和看不到的以及自己明白的和不明白的。

正如哲学家埃德蒙特·胡塞尔主张的那样，当遇到自己不了解的现象时，不要用以往所获得的知识和价值观做出判断，相反应该放弃判断，冷静地观察这种现象。麦肯锡的员工有一个习惯，这就是"Why × 5"（问 5 次为什么），丰田也是这样。我在 30 年前所著的《企业参谋》一书中主张"问 3 次为什么"，而丰田是 5 次。对此，欧洲工商管理学院（INSEAD）的保罗·埃文斯教授一语道破："人不是不喜欢变化，而是讨厌自己被改变。"

排斥自己固有的想法和思维方式，以事实为依据思考并讨论问题，这样做的结果是必须改变自己，必须改变自己的公司，如今我们所面对的正是能否具备这样的思考方以达到和谐气氛为预期目标的讨论是不会产生任何创新的。如今我们需要的不是达成一致的意见，而是坚持自己的观点。

法。只有采取这种客观的态度，时而彻底讨论，时而深究问题的本质，才能在更高的水准上讨论问题，并锻炼自己的构思能力。

以达到和谐气氛为预期目标的讨论是不会产生任何创新的。如今我们需要的不是达成一致的意见，而是坚持自己的观点。所有的个性相互碰撞，才能产生世界上任何人都未曾想象到的世界观和事业观。

在日本，在全球范围内“作战”的商务专家并不少，但我们却不得不认为，日本人“讨论问题的能力”尚待提高。讨论问题的能力不仅是提高构思水平，而且也是实现构思所不可或缺的能力之一。先见能力与构思能力在很大程度上受个人才智的制约，而讨论的能力则是任何人通过后天的学习都有可能获得的。关于它的重要性以及获得这一能力的具体方法，我们将在下一章详细论述。

第四章 讨论的能力

当我们看不清前进的道路与成功的模式时，从理论上展开充分的讨论至关重要……讨论问题所必不可少的能力与素质，我们有可能通过后天学习而获得，而且无论我们从何时开始练习，都能取得很好的效果。

避免对企业发展无益的讨论

故作学者的姿态以及耍小聪明的态度有百害而无一利，而客客气气的态度则会成为事业发展的绊脚石。

20 世纪 70 年代，在美国有一个非常受欢迎的节目叫《铜锣秀》。它的形式不同于 NHK（日本广播协会）的业余歌唱比赛，但内容也是由观众展示自己的才艺。如果节目的水平太低，铜锣声便会响起，令表演者退场。沃尔特·迪士尼在公司内部也上演了这样的“铜锣秀”。这种形式最早被 ABC（美国广播公司，当时从属于迪士尼）所采纳，后由迈克尔·埃斯纳介绍到派拉蒙电影公司，进而引入迪士尼公司。

任何人都能参加公司内部的“铜锣秀”。参与者带来自己的点子，并在众人面前讲述。即使是高层管理者，如果点子没有新意，也要在铜锣声中退场。

迪士尼在此基础上还想出了更加独特的方法。参加会议的人被集中在一处，平均封闭10~12个小时，大家直言不讳、吵吵闹闹地争论。这种会议有时会持续两天。埃斯纳一贯主张“会议开得越长越好，越艰难越好”，其目的在于清除对企业发展无益的行为。这种行为是任何企业都存在的，比如嗓门大、爱说话的人滔滔不绝地发言，夸耀过去的辉煌经历，随意打断别人的发言，发言的内容迎合身居高位者或大权在握的人物。

经过长时间的“监禁”之后，大家身心疲惫，每个人都想赶快结束会议，于是与会者终于开始客观地讨论问题。只有这样，才能通过讨论达到创新的目的。埃斯纳说：“真正精彩的点子出现在最后半个小时内。”迪士尼的独创性便是这种会议的产物。

在忌讳非生产性的讨论这方面，IBM的前首席执行官路易斯·加斯纳毫不逊色。在约翰·埃克斯时代，IBM的会议都是在开会前已经有了结论，会议只不过是谨慎而周到地举行一个庄严肃穆的“仪式”而已。会议在一团和气的氛围中进行，问题被回避，大家在会场上反复论证那些事先准备好的结论。

加斯纳毫不留情地打破了这一切。他禁止无用而平庸的行为，比如仪式般的表演，自吹自擂、夸夸其谈，有绅士风度地谈笑，对上司的效仿和追随，取而代之的是要求大家仔细观察事业的现状，对于从中发现的问题进行彻底讨论。

事实上，加斯纳在美国运通公司和雷诺兹–纳贝斯克也采取过同样的做法。总之，他要求在问题面前人人平等，正因为如此，每一位与会者才能够牢记自己的义务在于彻底认清问题的本质。

这种方法也可称为“麦肯锡式的会议方法”。麦肯锡的咨询顾问都有过其他的工作经历，我自己也一样。大家来自各行各业（如制造业、零售业、金融业、能源部门，甚至是政府机构），每个人的身上多少都带有以前所供职组织的“习气”。

在银行工作过的人的“积习”体现得尤其明显，他们在开始发言时总会恭恭敬敬地加上一些铺垫词，如“我洗耳恭听了某某先生的意见”“真不好意思”等等。对这种做沉默并不一定是“金”，缺乏事实基础与不符合逻辑的意见、以保持和谐关系为目的的发言以及随声附和的态度为众人所蔑视，提出反面意见或疑问则受人欢迎。

法，我们也许尚无必要谴责，日本的企业以和为贵，这种态度反倒值得称赞。

然而，麦肯锡的会议不是一种仪式，而是智慧的竞技场，观点在此相互发生碰撞，因此麦肯锡的会议绝不遵循“以和为贵”的原则。无关痛痒的意见如无刃之剑，不够锋利。我们经常会看到下列情况：步前人后尘的人和盘托出学者或有识之士的意见；有些人听过一遍周围人的意见，然后加入支持者较多的一方；有些人对于自己不熟悉的领域则保持沉默。

为了清除这些习气，新来的同事必须彻底接受“漂白”，必须让他们以切身体会铭记：沉默并不一定是“金”，缺乏事实基础与不符合逻辑的意见、以保持和谐关系为目的的发言以及随声附和的态度为众人所蔑视，提出反面意见或疑问则受人欢迎。对错误的认识或前提条件放任不管，则有可能导致错误的结论。咨询顾问只注重事实，无论对顾客还是对同事，有什么疑问都要直言不讳地提出。故作学者的姿态以及要小聪明的态度有百害而无一利，而客客气气的态度则会成为事业发展的绊脚石。

符合逻辑的思考 vs 符合逻辑的讨论

当我们看不清前进的道路与成功的模式时，从理论上展开充分的讨论至关重要。

日本麦当劳公司的首任领导者藤田先生曾经说过，“讨论是通向最佳道路的途径之一”。罗伯特·诺伊斯和戈登·摩尔共同创办了英特尔公司，他们也奖励旨在提出建设性意见的激烈争论。在大家的意见相互对立的情况下，每个人富于创造性的意见往往并不是解决问题的最佳方法。为了找到最佳方法，我们需要反复讨论，事业的发展与繁荣正是建立在反复讨论的基础上。

我在为通产省的新人研修班讲课时，曾经向听课者提出过一个问题：大家是否认为现在的经济不景气？所有的人都异口同声地回答“经济不景气”。我接着问他们得出这一答案的理由，大家表情坦然地回答：“报纸上是这样写的”“周围的人都这么说”。我怀疑自己听错了——这些人难道就是将来要为日本制定国策的官员吗？没有一个人通过自己的逻辑思考得出“经济不景气”的结论，更别提有人会对信息的来源和得出的假说进行验证，找到经济不景气的原因，并以自己独创性的意见引发大家的讨论了。

在商业环境发生剧变的今天，藤田先生所提出的讨论的意义与重要性不仅没有过时，而且越来越重要。当我们看不清前进的道路与成功的模式时，从理论上展开充分的讨论至关重要。

“discuss”这个词是由“dis”和“cuss”两部分构成的，前者表示否定，后者的意思是“怨恨”。也就是说，即使反对对方的意见或对对方的意见进行反驳，也不会招致怨恨，这就是“讨论”这个词的本义。而“debate”这个词是由“de”和“bat”构成的，前者是“下”，后者是“打”的意思，它的本义是“打倒”。讨论的目的不在于驳倒对方，现在，英语已成为商界通用的语言，全球化与无国界化进一步发展，而且这种趋势已不会逆转。无论愿意与否，我们都必须接触其他国家的文化和习惯。

也不在于以花言巧语蒙骗对方。事实上，讨论也好，辩论也好，都已作为追求事实真相的一种手段而广泛渗透于欧美社会中。不仅在商业领域，在学校以及社会的方方面面，这种做法也是理所当然的。

由于社会结构、习惯和语言体系的不同，在日本，达成一致意见的过程与欧美社会截然不同。日本的企业界是一个极其特殊的世界，它们按照自己的逻辑行事，受业界常识的束缚，企图通过自己的逻辑寻找答案。不少人习惯于揣测上司的想法，以求工作符合上司的要求，通过符合自己公司“游戏规则”的方式进行交流，并安于此种状况。

值得庆幸的是，以前采用怎样的方式交流并不重要，日本这种特有的方式反倒发挥了有效的作用。然而现在，英语已成为商界通用的语言，全球化与无国界化进一步发展，而且这种趋势已不会逆转。无论愿意与否，我们都必须接触其他国家的文化和习惯。

日本企业界的人才也已经开始与国际接轨。日本的家长无法理解孩子的心情，这种代沟已不可能依靠日本固有的价值观来填平。日本社会已进入一个多样化的时代，人云亦云的做法已经行不通了。因此，作为交流的基础，或者说是交流的原则，我们开始需要“符合逻辑的思考”这一必要条件与“符合逻辑的讨论”这一充分条件。

无论英文多么出色，无论怎样学习异域文化，如果不具备符合逻辑的思考方法，不进行符合逻辑的讨论，则无法获得讨论的能力。外行依靠感情和经验，而专家至少要依靠逻辑来讨论问题。

讨论的能力可以后天养成

讨论问题所必不可少的能力与素质，我们有可能通过后天学习而获得，而且无论我们从何时开始练习，都能取得很好的效果。

与逻辑相比，日本自古以来更重视的是揣摩别人的心理，因为共有同一片天地的人们，呼吸要和谐，配合要默契。比如他们会突然提出诸如“怎么样了”“那件事如何了”之类的问题，请对方做出正确的回答。如果只是为了在“自己人”这个狭窄的范围内达到交流的目的，这种方法毫无问题，但有人把它当作日本人的美德和常识，这就会带来很大的问题。可能有人会反驳说“没有那种顽固不化的商人”，而实际上这样的商人很多。

成为常识与经验的奴隶的人们其实也在寻求与周围人的和谐一致。换言之，自己所得出的正确答案虽然有精彩与平庸之分，但大家都会在不知不觉中强迫别人听从自己。在这样的环境中，不断涌现出谨慎地执行上司命令的“操作员”，却难以出现打破惯例和常识的“创新者”，以及能够与世界一流选手平等讨论问题的“全球选手”。

30多年前我出版过一本书，名为《恶魔的循环——对于日本人依赖之物的看法与想法》。不少日本人依赖别人的想法和公司的方针行事，自己却不去思考，也不去兴办事业。我在书中指出，他们机警地观察周围人的一举一动，随声附和，以求步伐一致，这种习性今后将会带来很大的问题。此后，我在另一本名为《质问力》的书中，对于通过自己的能力，思考、提问并找到答案做了进一步阐述。但是又有多少人真正理解了我的意图呢？

日本人讨论问题的能力相对低下，只要看看屡战屡败的日本外交便可一目了然。只要出现问题，日本外交的负责人便立刻从旁观察美国的反应，一味地赞同并追随美国的主张，讨论与谈判往往形同虚设。总之，日本的问题在于讨论问题缺乏逻辑性。我们不得不说，日本在外交上缺乏保护自己国家利益的气魄，以及以此为目的进行逻辑思考与谈判的能力。日本伪装成和美国正在度“蜜月”，而实际上是在单方面地遵从美国的逻辑。

在日本的经济力量被认为世界最强的那个时期，美国在钢铁、半导体、电视和汽车等日本主要的产业上对日本发起猛烈的攻击，时而声称日美之间的贸易不均衡，时而打出多国出口协调委员会的旗号，时而又搬出反托拉斯法的盾牌。此外，在专利纠纷上，美国采用向最早的发明者授予专利的方法，轻而易举地击败了日本与其他国家采用的向最早申请者授予专利的方法。

日本政府亲自控制强势产业，保护国际竞争力较弱的产业，此举无疑会使日本的国力减弱，这在当时便显而易见了。日本政府之所以这样做，其原因在于缺乏逻辑思考与逻辑交流的能力。政府早就知道自己在力量均衡方面处于不利地位，它的任务是想办法改变这一情况，但由于政府缺乏讨论问题的能力，也就是缺乏通过逻辑分析从可能考虑到的几种选择中找到最佳方案并制定战术和战略有人认为，在欧美接受过教育的一代年轻人在第一线积累一些实际经验，自然会成长为能够在理论领域讨论问题的人才。我认为，这种想法未免有些轻率。

的能力，因此只能走捷径，即追随美国并听从国民片面的说法。

在日本的商业界，具备国际通用的逻辑思考与逻辑交流能力的人才也并不多。能够占据全球经济的一角并与全球企业平等竞争的企业人才屈指可数，他们中有小林阳太郎先生、小笠原敏晶先生，此外还有已经故去的服部一郎先生和盛田昭夫先生等。他们在自己的企业品牌受到世界好评之前，便已具备了这种能力。如今，偶尔也会出现能够在国际舞台上发言的年轻人，但考虑到日本经济的规模，不得不说这样的人才太少了。

无论是政界还是产业界，都在逐渐更新换代。有人认为，在欧美接受过教育的一代年轻人在第一线积累一些实际经验，自然会成长为能够在理论领域讨论问题的人才。我认为，这种想法未免有些轻率。因为肩负着日本未来重任的一代，他们的学习能力，即讨论问题这一必不可少的基础能力正在逐年下降。日本曾在奥林匹克数学竞赛的排行榜中居于首位，而6年前便已降到了第13名。中国与俄罗斯为第1名，位居第2名之后的都是些新兴国家。日本政治家曾经嘲笑美国的教育环境简陋，但现实情况是，美国位于第10名，日本则排在美国的后面。

各国托福的平均分，日本在亚洲主要国家中排名第10，这是一个非常严重的问题。虽然日本政府部分承认了宽松教育政策的失败，但一旦丧失基础学习能力，便无法期待它在国际竞争中具有强大的实力。

美国商学院中如果有日本人入学，班级的整体水平便会下降。我自己站在讲台上也切身感受到日本人的平均智力水平明显比较低下。这并不是说日本人缺乏知识，他们致命的弱点在于不具备提问与发言的能力。学生在班级讨论中的表现占学业成绩的很大比例，在这一现状下，问题便突显出来。正如盛田昭夫先生在《日本制造》一书中所指出的，在公众场合提出自己的意见和主张，迅速理解别人发表的意见并就这一意见展开讨论，是日本人非常不擅长的。在商学院的学习中，日本人使班级水平下降，是因为真正能参加讨论的日本学生太少的缘故。

在日本，大家很少有机会参与世界水平的讨论。从举办国际会议的次数来看，东京显然比同等规模的欧美城市要少，也远远不及新加坡，甚至比远在南半球的悉尼还要少。日本国内外都没有形成提高讨论能力的环境，这种状况非常令人遗憾。

然而，与先见能力和构思能力不同，讨论问题所必不可少的能力与素质，我们有可能通过后天学习而获得，而且无论我们从何时开始练习，都能取得很好的效果。

回到上述美国商学院的例子，那种讨论可能会让人感到很有压力，不过，通过两年的学习，日本学员的逻辑思考与逻辑交流的能力都得到了锻炼，两年后，在研究生院的课程即将结业之际，他们也能够参加班级的讨论了。总之，由于在日本社会中讨论能力难以得到提高，因此尽管与各国学员相比日本人的能力并不低下，但日本整体却居世界末流水平。如果改变环境，给予机会，日本社会将会涌现出更多的人才，他们也能够与身经百战的商业人士进行讨论。

麦肯锡从很早开始就具备这种环境。在国籍、经历、年龄与性别各异的人们汇集一处的环境中，大家只有在逻辑的基础上才能进行交流。无论从事多大规模的项目，工作中缺乏逻辑的咨询顾问都不受人尊敬，这样的人早晚会离开。我原来是工程师，进入麦肯锡之初并未掌握讨论的能力。锻炼了我这种能力的正是环境，是高度紧张的在职培训。无论在何种情况下，顾客在企业中的地位都是最高的。他们的机会成本非常高，如果不能通过讨论提供高于他们机会成本的价值，咨询顾问便没有理由再存在下去了。

这种压力促使大家学习，锻炼自己逻辑思考与逻辑交流的能力，通过讨论，不断给企业带来收益。日本企业是否也能在这种良性循环中得到发展呢?

逻辑是全球唯一的通用语

逻辑思考的基础在于首先建立假说，以事实为依据对假说进行验证。

不少日本人非常不擅长面对并解决未曾遇到过的问题。“这是第一次遇到，没有办法”——如果这样想，那么你还远远未达到商务专家的境界。回避未曾遇到过的课题，重复熟悉或经历过的事情风险要小，也非常容易，但得到的东西也很少，无法期待从中获得创新。我这样说并不意味着对任何事情都采取不怕死的精神才是明智的。此外，利用以往成功的经验，风险多少会有所缓解，但再次重复同样的过程恐怕没那么顺利。

大部分组织对起初建立的假说都不去进行验证，因此也就不会做出修正。他们会说“边干边思考”，而实际上是不去思考，一味地蛮干。

那么，应该采取怎样的方法面对新问题呢？答案依然是符合逻辑地去思考与行动。无论是攻破未曾遇到过的课题，还是初次开展一项工作，符合逻辑的思考都必不可少。在既没有地图也没有路标的越野比赛中，逻辑思考将成为指南针。

逻辑思考的基础在于首先建立假说，以事实为依据对假说进行验证。然而，不少人把假说误当作目标和结论。也许有人会反驳说：“怎么会有那么愚蠢的事？”但大部分组织对起初建立的假说都不去进行验证，因此也就不会做出修正。他们会说“边干边思考”，而实际上是不去思考，一味地蛮干。

这种错误首先在于把假说当作目标，出现这种错误有以下几点原因：

• 不加怀疑。

• 没有掌握验证的方法。

• 认为中途修正不够果断。

• 不愿去和有关人员协调。

• 希望保持和谐的气氛。

归根结底，这些原因的共同点是组织与个人都缺乏讨论的能力。如果不对假说进行讨论，那么，假说既得不到检验，也得不到修正，随着时间的推移，在不知不觉中，我们便把假说当作了目标与结论。

我再重复一遍，真正的讨论是避免不了摩擦的。但任何人都想避免这种摩擦，因为观点与观点相互摩擦、交融会产生不和谐的音符。

首先，讨论不等于谈判。讨论与谈判都是一种交流，但谈判是为了协调利害关系，而讨论是为了寻找最佳答案。会议中不和谐的音符大多是由利害冲突带来的。临时工作组之所以会失败，不是因为各个部门持不同的观点，而是它们之间存在利害冲突。无论如何对利害关系进行协调，小组成员也很难朝着共同的目标行动，其原因在于各部门之间的利害关系是无法通过讨论而协调一致的。

其次，缺乏规则与纪律。正因为如此，利害冲突才会突显出来。在缺乏规则与纪律的情况下讨论问题，如果有人发言咄咄逼人，其他人便会静观发展态势，或是重复自己的观点，于是会议最终流于形式。

最后，缺乏共同语言。共同语言是大家展开讨论时必须遵守的协议，例如在计算机领域，操作系统可称为共同语言。在系统中，它起着平台的作用。讨论中的共同语言指的当然是逻辑。在讨论中，有的人发言符合逻辑，有的人发言不符合逻辑，这样的讨论是无法奏响和谐的乐章的。然而，如果大家的意见是在逻辑的基础上发生碰撞，起初可能只会出现最基本的几个音符，但最终定会发展为一首完整的乐曲。

语言学家诺姆·乔姆斯基认为语言中存在着“普遍语法”和“生成语法”。普遍语法指的是在语言习得方面，所有人天生具备的一种处理能力，而生成语法则是在普遍语法的基础上构建新的语言体系的能力。遗憾的是，逻辑思考这种能力并非与生俱来。这正如普遍语法和生成语法的关系所显示的那样，尽管如此，在就逻辑思考能力与讨论

> 在现实世界中，我们越来越需要逻辑这一“商业语法”。在全球化的发展进程中，逻辑必不可少。

问题能力的关系进行讨论时，我们还是能够用普遍语法和生成语法的关系进行说明。讨论问题的能力来源于逻辑这个“普遍语法”的平台，在逻辑的基础上，加入某些理论、常识或个人“生成”的经验，我们便获得了讨论问题的能力。

在现实世界中，我们越来越需要逻辑这一“商业语法”。在全球化的发展进程中，逻辑必不可少。在日本，人才的流动和并购活动虽然出现得较晚，但也正在成为普遍现象。不同文化背景的人坐在一起，大家的意见十有八九会不一致。在其他企业工作过的人，无论是优秀还是平庸，进入新的企业之后，恐怕都会历尽艰辛。正如那些有名的企业高层管理者在谈论并购后管理（post M&A management）的困难时所说的那样，企业在并购或联合之后，问题比之前的更多。

一般认为，出现这种情况的原因在于文化差异，这种看法既正确也不正确。对异质的存在心怀警惕，先观察一段时间再说，这是人类的本性，因此，在一个时期内关系冷淡也是无可奈何的事。一般来讲，转学的学生融入新的班级只是时间的问题。然而，在商业领域，这种局面却难以改善，甚至会导致决裂。事先没有充分协调利害关系，则有可能会“同床异梦”，事实上，不少此类情况都是由于缺乏共同语言而出现的。

正因为如此，才会有人无事生非地去计较利害关系，或是采取敌对的态度，结果在一个组织中形成“权力的椭圆形结构”，即两个中心。为了避免出现这种现象，我们必须创造一个环境，保证参与者在讨论的过程中运用逻辑这一共同语言。

确保提问符合逻辑

对于自己想要达到的目的非常明确，寻找能够达到这一目的的切入点，才是提问的关键。

1994 年秋，某电视台给了我一个采访新加坡前总理李光耀的机会。李光耀的功绩得到很高的评价，被称为新加坡的“国父”，我也非常尊敬他，但在当时，不少人从他的言行中嗅到了独裁者的气息。关于这一点，我询问了他本人的想法。

我在 20 世纪 70 年代曾作为新加坡经济开发厅的咨询顾问工作过一段时间，对李光耀并不陌生。不过，在电视采访中我并没有表现出这一点，我采用的是与一国总理一问一答的形式。

如果说李光耀思考的方向与民众的期望不一致，我当时的使命便是找到这种差距。这对作为采访者的我而言是能力上的一种考验。如果我直接问“您被称为独裁者，这是真的吗”，则只能引起对方的愤怒。那么，对于此类难度较大的问题，又该如何发问呢？

我引用弗朗西斯·福山的话开始了我的采访。“国政几乎都已交给了接班人，但福山却认为您至今实际上依然是首脑，是‘善意的独裁者’。对这种意见，您如何看待？”

李光耀回答得非常巧妙，他顺着我的思路往下说，完全不触及独裁者这一点，“福山以及那些生活在美国这一富裕国家的人是无法想象新加坡总理的无奈的。新加坡突然从马来西亚独立出来，没有水，没有粮食，总理必须让国民填饱肚子。”他抓住福山这位旁观者轻率的发言，继续他的逻辑推理：“我所做的一切并非独裁，而只是对国民尽自己的责任而已。”

关于权力的移交，我说：“我询问了民众对您的看法。”然后从侧面问道：“大家异口同声地说非常尊敬您，愿意跟着您走。如果现在不移交国政，以后会不会很麻在讨论的过程中，隐瞒自己的想法或歪曲表达自己的想法都是不利于解决问题的。无论对方是谁，都不必畏惧。

烦？”事实上，李光耀并没有搬出他任总理时住的房间，我们的谈话就是在这个房间里进行的，而吴作栋总理则住在别的地方。

“国政可以随时移交，但国民的心果真能够移交吗？接班人必须依靠自己的力量赢得国民的信任，必须亲自证明自己建立的社会能够反映民意，”他进一步断言，“国民亲近自己是因为自己让他们填饱了肚子。如果吴作栋总理想赢得国民的尊敬，就应该让国民切实感到他给他们带来了温饱。”

李光耀并未直接触及“移交权力”的讨论，他提出了接班人有可能缺乏能力的问题，把谈论社会对自己的批判引向评价自己业绩的标准。可以说，正是这种“固执”的做法和巧妙的逻辑赢得了国民的信任，于是国民把他推为一国之首。

在讨论的过程中，隐瞒自己的想法或歪曲表达自己的想法都是不利于解决问题的。无论对方是谁，都不必畏惧。应该询问的情况不去询问，则达不到自己的目的。不过，同样的问题，采用不同的问法，会赋予问题不同的特点。考虑对方性格、心情等方面的因素，提问时切入的角度应有所不同，可采用直接的方式，也可采用间接的方式，但不可以把讨论的目的直接变为问题。对于自己想要达到的目的要非常明确，寻找能够达到这一目的的切入点，才是提问的关键。

无论在理论方面多么擅长，当自己的主张遭到别人反驳时，还是有人会失去理智。在此我想介绍一种提问方法，这便是机智地提问。经过深思熟虑的机智提问具有缓解现场紧张气氛的作用。在对李光耀的访谈中，我稍微动了一下脑筋，并未违背自己的想法，便让对方进入了我设定的“圈套”。当然，我的提问是有适当的依据，并富于逻辑性的。

结果取得了意想不到的成果，我弄清了李光耀的真实想法。他认为，只要国民跟随自己，自己就要对他们负责到底，而与总理的职位无关，这就是他所认为的对国民的

> 提出的问题符合逻辑，对方自然会做出符合逻辑的回答。遇到对方含糊其词或诉诸感情时，自己的思考方法也必须符合逻辑，否则，讨论是不会收到任何效果的。

责任。因此，对他而言没有引退这个词。

他还说："如果中国经济崛起，新加坡完全不是对手。不过，我还是向中国投资，从中得到的收益解决了 300 万人的温饱问题。因此，我是给国民发放养老金的理事长。"发放养老金与其说是总理的工作，不如说是对"满足国民的温饱"至关重要，正因为如此，他才做了这项工作。总之，他出色地完成了自己的任务。

通过机智地提问，我们听到了李光耀的诸多发言，从这些发言中我们可以窥见这个男人的本性以及他深邃的思想。提出的问题符合逻辑，对方自然会做出符合逻辑的回答。遇到对方含糊其词或诉诸感情时，自己的思考方法也必须符合逻辑，否则，讨论是不会收到任何效果的。

提问是从对方那里获得有用信息的手段，与此同时，也是表明自己主张的出发点。提问是讨论的开始，在讨论的过程中，有时会发生激烈争论，有时会达成一致意见，只有具备丰富的想象力，才能在提问时打开思路。例如，如果自己是索尼公司的社长该怎么办，如果自己是日本的首相该怎么办——平时不断进行换位思考，那么无论自己被置于怎样的场景，都能够通过灵活多变的思考坦率地提出问题。不过，请不要忘记，无论是赞成还是反对，你都有责任倾听对方的意见，并对自己的看法做出有条理的说明。

倾听的能力与说服的能力

即使自己的结论与对方的主张大相径庭，但如果能够提供确凿的根据并通过对这些根据进行分析得出新的观点，也会使对方产生倾听自己主张的欲望。

就特定的问题交换意见，是我们每一个人在日常生活中都经历过的。因此，在不涉及讨论结果的情况下，不少人都认为讨论这件事并不难，但对于通过讨论最终得出正确结论，他们则毫无把握。

在双方交换意见的过程中，包括上述提问的能力在内，倾听的能力与说服的能力都必不可少。通用电气前首席执行官杰克·韦尔奇在这一过程中，一直是一位不知疲倦的学生，同时也是一位满怀热情的教师。大部分事情他都比别人知道得要多一些，这是因为他经常倾听富于智慧之人的谈话，并不耻下问，这也是他优秀的品质之一。

韦尔奇谈到自己追求事实真相的感想时说：“要展开问题攻势。我会坐在椅子上，一口气问一万八千个问题。”他在分析自己时说道：“我并不具备什么特别的创造性，只不过发现自己这种创造性的能力较强而已。”正因为如此，他才能够认真地倾听别人的谈话并提出问题。他严格要求自己，也严格要求别人。即使是面对基层员工，他也依然保持这种姿态，绝不回避问题，正如他所表述的那样：“任何事情都必须阐释得让员工能够理解。”

当然，谈话的技巧高明，并不意味着说服能力强。是否具备说服能力，关键在于能否有效地展示出作为发言根据的事实。即使自己的结论与对方的主张大相径庭，但如果能够提供确凿的根据并通过对这些根据进行分析得出新的观点，也会使对方产生倾听自己主张的欲望。不过有一点需要注意，这就是我们容易把注意力集中在自己的主张以及驳倒对方观点的技巧上。如果说服对方的能力特别强，自己的主张压倒别人的主张而占上风，那么双方是很难通过讨论达成共识的。此外，全神贯注于说服对方还容易误解对方的想法和逻辑，让别人抓住把柄。

韦尔奇一方面力求了解对方的点子和意见的闪光之处，另一方面，他惯于有条理地表达自己的主张。他在担任通用电气董事长时，每次来日本，必定要问我："研一先生，最近你对什么事情感兴趣？"有一年，我回答说"中国"，于是他便问"为什么"，他觉得这可能会对通用电气有价值，当场便向同行的几个人逐一发出指示，把如何利用中国的最新信息作为下一次会议的主题。即使是吃一顿饭，他也绝不浪费时间。当韦尔奇来日本时，与他谈话的瞬间，我感到压力很大，这种感觉每年就只有这么一次。

从提问、展开讨论到解决问题，韦尔奇是具备这方面才能的为数不多的经营者。像通用电气那样的大型企业，20年来收益持续增长并非易事。但当面对具有"思考癖"的韦尔奇时，我终于明白，通用电气能取得这样的成果并不奇怪。

不可掉入诡辩的陷阱

我们必须养成这样的习惯：当人们的意见惊人的一致时，回到讨论的出发点，重新审视结论的依据与议论的主旨。

不可以把诡辩与符合逻辑的讨论混为一谈，这两者貌似相同，实则迥异。当讨论达到白热化的程度时，满怀自信地与别人激烈争论的人，会使会场的气氛显得非常热烈，他们的发言大多属于诡辩，目的在于谋求自身的利益。诡辩也是符合逻辑的，稍一疏忽，我们便会陷入诡辩者的逻辑。正因为如此，在倾听对方的发言、提出问题或说服对方时，我们必须像韦尔奇那样集中自己的全部精神。

在欧美有一个词叫作“sophist”，它的意思是诡辩家，是一个贬义词。在喜欢辩论的中国，在百家争鸣的时代，能言善辩的人靠花言巧语哄骗周围的人，把国家引向歧途，被诸侯国吞并，此类事例不胜枚举。古希腊也曾经出现过为数众多的诡辩家。

然而在苏格拉底、柏拉图与亚里士多德的时代，他们以自己的理论代替了诡辩家的说辞。亚里士多德在《诡辩驳议》的开头这样写道：“诡辩性质的驳斥看上去像是驳斥，但这种言论实际上只不过是荒谬的推理（谬论）而已。”换言之，无论口齿如何伶俐，话听起来多么动听，在由事实推出结论的逻辑推理过程中，都包含着谬误。换一个角度来看，即使没有恶意或贪婪的意图，在忽略这种谬误的情况下反复进行讨论，也是无法得出正确结论的。

不少诡辩利用人们先入为主的心理，比如，我们公司在这方面从未有过成功的尝试；日本人不习惯这种想法；全家人本应该在一起生活；等等。对于由此类前提引发的讨论，我们必须加以注意。从普遍的观点而言，这些说法无可非议，但以此为前提推出的结论却是建立在感情和情绪的基础上，缺乏证据与逻辑。

参加讨论的人身份与地位各异，我们必须集中精力倾听来自各种视点与角度的意见。此时不要受“发言者是谁”的影响。养成关注“说的是什么”的习惯至关重要。

我们必须能够从某人发言的前后逻辑或开场白中捕捉到与此后进行的讨论之间的矛盾之处，为此需要进行严格的训练。此外，参加讨论的人身份与地位各异，我们必须集中精力倾听来自各种视点与角度的意见。此时不要受“发言者是谁”的影响。养成关注“说的是什么”的习惯至关重要。倾听别人的意见非常重要，也应该尊重别人的意见，但由这些意见推出的结论则必须具备确凿的证据并符合逻辑。

我们还必须养成这样的习惯：当人们的意见惊人的一致时，回到讨论的出发点，重新审视结论的依据与议论的主旨。这是因为在这种时候，最有可能受到“现代诡辩家”的影响。在发言的开场白中加上“某某先生说”，比如某位学术权威、有名的经营者或公司内部的权威，此类意见中大多潜藏着某种偏见。如果囫囵吞枣地接受这样的意见，便不会用自己的头脑去思考，也无法锻炼自己讨论问题的能力。

当然，我并不是说对任何意见都要反驳。动不动就怀疑别人主张的人，是不会怀疑自己的，因此他们最终会走向诡辩。我们应该倾听的是对方说了些什么。如果把精神集中到对方“说了些什么”这一点上，所要讨论的事情的轮廓则会变得清晰起来，事情的本质终将水落石出。

尽情讨论，直到权威者发话

明知不合时宜，但还是敢于质疑前提，这一点非常重要。

日语中有一个词叫“一声鹤鸣”[①]。当问题的讨论进入最后阶段，或双方持不同的见解争执不下时，决策者的判断便是打破这种僵局的方法之一，其内容总体来讲便是达成一种妥协，使双方战成平局。在一般的企业组织中，大概没有人会违背这种决策。与其和负最终责任的决策者的意见相抗衡，不如服从他们的决策，这样做自己既不必负任何责任，也不会与他人产生冲突。

① 相当于中国的“一言堂”。——译者注

有些场合当然需要权威者发话，但归根结底，这是最后一招，如果讨论中稍微产生些纷争便使用这个办法，那么就没有必要进行讨论了。“一声鹤鸣”不过是一种强权而已。

在事业发展的过程中，从原则上讲，事实比职位更重要，为了追求事实真相，我们才进行讨论。应该不怕误会、直言不讳地展开彻底的讨论，不惜火上浇油。此时你需要倾听，再倾听，不断地倾听，不断地提问。也许有人会对这种反复讨论的过程感到厌倦，希望权威者尽快做出判断。正因为如此，权威才不应该轻易发话。如果没有做好让参加讨论的人尽情讨论的思想准备，会议终将流于形式。

经营当然需要判断。由于是将来的事，所有的一切都通过逻辑去论证恐怕不太可能。此外，经营实体是有生命的，有时候最好的办法是早日得出结论，尽快取得成果。松井证券的松井道夫社长决定只在互联网上开展证券业务，便是一个典型的例子。

“过去的业务难以割舍，不能只从事互联网业务。”面对不同意见，采用逻辑的方法说服对方非常困难。然而，两方面业务都做的话，风险会很高。特别是对大型证券公司而言，同时进行两方面的业务就无法实现差异化，所以只能背水一首先对前提提出疑问或怀疑，发现论据站不住脚或逻辑上有破绽，要毫不犹豫地予以质疑。为了得到重要的信息，为了了解对方的真实意图，绝不可不懂装懂。

战，把赌注押在新的业务上。这样的决策我们是无法通过讨论做出的，只能依靠决策者拍板定论。

“或者坠入地狱，或者升入天堂。”做出决策后，便要排除反对者。如果做出的决策是错误的，决策者应该向反对者道歉。松井社长在做决策时甚至说：“如果我的决策是错误的，那么我会请反对这一决策的人来当社长。”在此我想指出，在讨论中很可能会出现这种局面，尽管如此，在决策者发话之前，我们还是要尽情地讨论，这一点非常重要。

我想再次强调，在讨论的过程中，我们应该采取严肃认真的态度。如果放弃验证发言的根据与逻辑，可能会错误地确定讨论的主题，使事业偏离发展方向。无论是对于道路公团的民营化，还是对于邮政事业的解体，都没有任何人心存疑问：“出于何种目的而必须要这样做呢？”媒体报道的都是些偏离本质的问题，如怎样进行民营化、谁做了怎样的发言等。因此，国民的兴趣也完全脱离了“为什么要民营化”，而是转向了偏离问题本质的讨论。

明知不合时宜，但还是敢于质疑前提，这一点非常重要。首先对前提提出疑问或怀疑，发现论据站不住脚或逻辑上有破绽，要毫不犹豫地予以质疑。有时可能会显得有些吹毛求疵，但为了得到重要的信息，为了了解对方的真实意图，绝不可不懂装懂。

关于民营化的讨论，我曾多次提出过自己的主张，我认为民营化本身是错误的。在此我不再阐述这一观点的论据，我认为无论是实现道路民营化，还是让类似于道路公团的组织实体苟延残喘，都没有多大的价值。高速公路作为 0 号国道不再收费，30 万亿日元的累计损失和借款由这一代人通过“货运税”的形式支付即可，把借款转嫁给下一代人无济于事。邮政事业也是一样，只要废除邮政储蓄和简易生命保险[①]，邮政即可继续维持国营的形式。国家的一项重大决策未引起充分的讨论，与“结构改革没有圣地”的口号也一拍即合，现实情况是这种主张畅通无阻，这正说明了如今日本政府在政治方面的无所作为。

① 日本邮局办理的一种手续简单的人寿保险。——译者注

符合逻辑的反驳

首先“守”住自己不受攻击；其次攻“破”对方逻辑的薄弱之处，指出对方目标的错误；最后双方共同“离”开最初的讨论，转移到最佳境地。

刊登在2000年第5期《财富》杂志封面上的是一对奇特的组合——杰克·韦尔奇和太阳微系统公司的首席执行官斯科特·迈克尼利。事情起源于迈克尼利希望与韦尔奇成为好友，而这一计划获得了成功。4个月后，迈克尼利被聘为通用电气公司的外部董事，他从韦尔奇和通用电气那里学到了不少东西。

然而在韦尔奇看来，“迈克尼利为通用电气带来了独具一格的言行”，也就是说，学到更多东西的不是迈克尼利，而是通用电气。通用电气以坦率直言与不拘一格的组织形式而感到自豪，而迈克尼利的言行更是冲破了条条框框。他发言的内容十分大胆，甚至是在通用电气中无法想象的，给通用电气带来了巨大的冲击。他提出的反证以及代用方案产生了极大的效果，使气氛变得沉闷的讨论不知不觉中重新活跃起来。

提出不同论调的人要负责证明自己的论调，也就是说需要履行这样的义务：针对对方的主张提出符合逻辑的反证与有效的代用方案。在大多数人赞成的情况下得出的结论可能是错误的。迈克尼利采用反命题的方法，保证了讨论朝着正确的方向发展。

在此我们并不想讨论迈克尼利的理论，但我想利用这个机会做一些补充。众所周知，迈克尼利非常讨厌比尔·盖茨，他对盖茨的厌恶之情溢于言表，“在没有围墙的世界中，不需要门（Gates，与盖茨谐音）”；“在没有墙的家中，没有窗户（Windows）也能看到外面”；他甚至分发印有这些字样的T恤衫。我曾经与他交谈过几个小时。他讨厌盖茨的原因用一句话来概括就是：微软阻碍了以Java为中心的开放体系的发展，在网络世界搞歪门邪道。

他的主张是正确的，但现实情况是全球90%以上的计算机都在依靠微软的操作系统工作。总而言之，无论怎样讨厌微软，迈克尼利在经营上都不得不承认微软的实力。你可以认为把英语作为世界通用语毫无道理，但至今世界语仍未普及。作为一位经营者，迈克尼利没有认清这一点。他主要经营服务器，无论使用什么操作系统，他的主要目的都是能够售出高性能的服务器。他不应该花费过多的精力去批评盖茨。

正因为如此，在服务器领域，惠普与IBM超过了太阳微系统公司，甚至有人要求太阳微系统公司退出竞争。总而言之，我认为迈克尼利的正确看法虽然在通用电气产生了巨大的反响，但却使自己的公司脱离了现实。

反驳的目的并不在于击倒对方，而是加深相互之间的理解。这主要有两种情况：一种是“论证型的反驳”，指的是驳倒支撑对方主张的论据；另一种是“主张型的反驳”，指的是提出与对方主张相反的主张。

通过论证进行反驳

通过论证进行反驳指的是指出对方的主张所依据的数据与事实的错误或不足，但不能仅仅停留于此。如果不通过逻辑推理进行反证，直至指出主张与论据之间在逻辑上不存在相关性，便无法驳倒对方的主张。

我们只要对自己与对方主张的框架做出冷静的分析，便可达到上述目的。不过有一个前提，这就是自己必须准备好充足的论据。此外，只有倾听对方的谈话，条件反射般地捕捉其论据不足与错误之处，才能抓住反驳的机会。仅通过有效的反证驳倒对方的主张，是无法达成一致意见的。在通过论证进行反驳的过程中，反复地反证只是一场前哨战，是为了把自己的结论暗示给对方。为此，需要在诸多可能得出的结论中把自己的结论暗示给对方，并把讨论引向此处。

单方面的反驳只会使对方的态度变得强硬，讨论本身很有可能失败。尚未进行彻底的讨论便陷入僵局，这样的讨论是没有任何作用的。为了让对方接受自己的结论，必须接受对方的主张，让对方看到自己让步的条件。不能仅停留于相互交换观点，摩擦与碰撞同样是必不可少的。

此外，为了顺利推进从反驳到达成共识的过程，利用对方的逻辑反击对方，或是在部分同意对方逻辑的同时，诱导对方得出结论，这些都是人们普遍采用的技巧。在FTA（自由贸易协定）的谈判中，日本政府希望取消工矿业的关税，但却不想开放农业、畜牧业和劳动力市场，政府很清楚对方不会接受自己的结论，于是便静观对方的动静。当对方表示“停止谈判”时，日本政府立刻失去了回旋的余地，乖乖地落入对方设好的圈套之中。今后在东南亚国家联盟（ASEAN）以及日、中、韩经济合作协定等多边谈判中，如果日本政府还是这样不了解谈判过程中的逻辑与心理，是不会获得有价值的成果的。

FTA的谈判是在政府之间进行的，我认为，日本政府代表的并非日本国民的利益，而是日本部分生产者的利益。从墨西哥大量进口廉价优质的猪肉，我想国民是不会反对的。从菲律宾引入大量费用低廉、和蔼可亲的护士，老百姓也会同意。但是，部分生产者的利益却会受到损害，日本政府代表的恰恰是这部分人的利益。

关于这一点，媒体应该予以抨击，但日本国民与媒体都袖手旁观，有时甚至站在部分生产者的立场上考虑问题，

> 反驳的目的在于使讨论进行得彻底而充分，而不在于为对方设置圈套。把针锋相对的意见摆到参加讨论的面前，制造紧张气氛，使环境变得有利于引导出正确答案。

鼓励他们“不要屈服”。可以说，这是把感情、情绪与谈判混为一谈的典型事例。

通过提出对立的主张进行反驳

提出的主张必须与对方的主张完全相反。为了验证对方在逻辑上是否存在破绽，或论据是否不够充分，要果断地抛出相反的主张。把针锋相对的意见摆到参加讨论者的面前，制造紧张气氛，使环境变得有利于引导出正确答案。

反驳的目的在于使讨论进行得彻底而充分，而不在于为对方设置圈套。另外，反驳时提出的主张也不一定是自己真正的主张。关键在于提出的主张必须与对方完全相反，因此切记，模棱两可的主张毫无意义。也许不习惯讨论的人从中会感到强烈的敌意，他们在遭到反驳时会失去理性。因此，希望大家保持从容的心态，听到别人提出全新的观点时要由衷地感到喜悦，理解建设性对立意见的价值之所在。

松下幸之助先生曾经提到“请适当地妥协”，并阐述其重要性。行不通的时候先不推进工作，而是期待时机成熟后使工作更加完善。松下先生在战后曾经想从美国企业引进技术，但在对方所要求的条件中，有一个条件难以接受，因此他放弃了签约。此后，他独自开发新技术，打造出举世闻名的松下公司。应该固守的时候不惜退出，应该前进的时候不惜付出努力，应该进攻的时候发起猛烈的攻势，松下先生所论述的“经营的奥妙”，其真意正在于此。讨论的能力也与此相同。

我们从世阿弥[①]留下的“守、破、离”的过程中能学到不少东西。首先“守”住自己不受攻击；其次攻“破”对方逻辑的薄弱之处，指出对方目标的错误；最后双方共同“离”开最初的讨论，转移到最佳境地。正如日本曾经受到猛烈批判一样，在讨论的起跑线上受到猛烈攻击的时候，最重要的是首先断然否定对方的主张。如果此时对对方的观点稍加认可，便会给对方以穷追猛攻之机，此后的反击

① 日本能剧的剧作家和理论家，生活于日本室町时代。——译者注

则变得十分困难。

对于日本市场是封闭的这种指责，我们应该在断然否定之后，向对方提供的事实发起攻击。当时，作为日本市场封闭的证据，美国政府列举了对日贸易收支的例子。美国的论调是，对日贸易逆差庞大是由于日本把美国商品拒之门外，日本应该更多地购买美国的商品。然而现实情况是众多的美国企业在日本建立了生产据点，开始从事销售活动。日本人不购买美国商品这一论据是错误的，贸易收支上的静态数字反映的并不是这一情况。摆出事实，有条理地具体分析论据的错误，完全可以遏制对方先发制人的攻势，这就是“守”。而当时的日本政府不具备这种能力。

我当时经常被邀请到卫星电视等直播日美谈判的节目现场，因此经历了不少此类事件。只要有证据，美国大多能够接受，而当时的日本政府却只会辩解。尽管这并非我的工作，但我还是找时间进行了详细的分析，证明日美之间并不存在贸易不均衡的问题。事实上，虽然日本购买美国国内生产的商品并不多，但却大量购买了美国企业在日本生产的商品。通过论证，我得出结论：这是美国国内的问题，即美国企业把生产据点设立在国外。不少人对此表示赞成，甚至连当时的曼斯菲尔德大使都把我的“大前学说”拿到美国去演说。

成功地攻破美国攻击日本的立足点之后，再脱离最初讨论的问题，去寻找能使双方获利的方法。以通商谈判的情况为例，顺着美国人最喜欢的逻辑“依照自由竞争与资本主义的理念”，应该能够使美国人认识到个别领域的收支平衡并不重要。这就是“破”。如果再进一步提出大家应该发挥各自的相对优势，美国的观点便会动摇。

最后一步“离”，是指既不让步，也不回到原位，而是提出全新的构想。出色的构想会打动聆听讨论的第三者，并引导对方同意自己的观点。在关于收购的谈判中，对方与自己隔着谈判桌相对峙，此时则要求动摇对方的意志。

在公开的讨论会上，即使讨论双方无法达成一致，但如果大多数听众都同意自己的观点，也便达到了讨论的目的。无论在怎样的场合都要正确理解自己想改变什么，以及为此需要动摇什么人的意志。

亚里士多德的逻辑学

关于符合逻辑的思考，其源头也可追溯到亚里士多德的逻辑学。

我认为，讨论的本质及其真正的起源可以追溯到希腊哲学。大约2500年前，人们汇集到希腊的城市国家人民大会会议广场，进行了一场热烈的讨论。他们的讨论成为逻辑学、哲学与辩证法的起源，在文艺复兴之后，为近代科学的诞生奠定了基础。

亚里士多德是一位奇才，他把与近代科学相通的正确的讨论方法、思考形式及其法则作为“逻辑学”体系固定下来。关于符合逻辑的思考，其源头也可追溯到亚里士多德的逻辑学。

为了得出正确答案，我们经常把几种推理形式组合起来构建起逻辑，其代表性方法为“归纳法”和“演绎法”。

归纳法是从经历过的诸多事实中推导出最本质的因果关系，得出作为普遍原理的结论。而演绎法是亚里士多德为我们带来的论证方法，通过“A=B，B=C，因此 A=C”的三段论展开，从归纳法所确定的普遍原理中推出新的命题。反复进行这一推理，有时会发现所有的一切都可以用等号连接，从而得出一个意想不到的结论，即“A=Z”。

比如为了证明“人肯定会死”，从迄今为止没有一个人是不死的这一事实推导出的因果关系是“因为是人，所以会死”，于是首先得出一个结论：人（B）会死（C）。以这种归纳法得出的普遍原理为出发点，“苏格拉底（A）是人（B）”，我们得到 A=B。如果 A=B，B=C，那么 A=C，也就是说最终得到的结论是“苏格拉底会死”。

如果在日常的业务和讨论中建立起这种逻辑，那么即使出现 A=Z 这种出人意料的结论，世人也能够接受。这种逻辑推理是全球共通的，在任何一个国家都适用。如果说义务教育的使命是教会人们在国际交流中实际使用英语，那么它也应该以同样的理由彻底教会人们逻辑学，因为这两方面的内容是一切的基础。

成功始于坚定的信念

> 仅凭完美无缺的逻辑结构是无法获得事业成功的，特别是无形的构想，我们只有依靠坚定的信念与执着的精神去推进。

仅凭完美无缺的逻辑结构是无法获得事业成功的，特别是无形的构想，我们只有依靠坚定的信念与执着的精神去推进。当沃尔特·迪士尼计划在佛罗里达州的奥兰多建造主题公园时，公司内外没有人支持他，资金筹集遇到困难，计划遭到挫折。他选择的是一片有鳄鱼出没的荒芜的沼泽地，企图在这样的地方建造一座未来的都市，仅凭一般的构思能力是无法描绘出这幅蓝图的。

录像记录下了沃尔特的形象：手持长长的指示棒，热情地为自己的构想发表演说，甚至让人觉得有些疯狂。他死后，这种执着的精神感动了他的哥哥罗伊·迪士尼。罗伊恍然大悟：任何人都无法熄灭沃尔特热情的火焰，那么最好的办法便是实现他的计划，尽最大的努力使其成功。得克萨斯州的石油大王巴斯兄弟为他提供了资助，终于建造起了试验城——迪士尼世界，并获得了巨大成功。

当然，取得这一突破的关键在于充分讨论之后如何行动，在此过程中需要咄咄逼人的气势与把握时机的才能。运用逻辑思考和讨论的技巧，发挥想象力，最终以坚定的信念开辟出道路——要想获得这种能力，最好的训练就是不断积累经验。

我并不认为自己先天具备讨论的能力。我的逻辑交流能力得到锻炼并不是在进入麦肯锡公司之后，而是大学时为了购买单簧管而开始做的导游工作。导游这种工作必须接二连三地回答问题，而且要让对方听明白。这就需要抛开旅行指南，收集事实，对任何问题都能做出简洁而准确的回答，把握现场的氛围，以达到交流的目的。

当时的经历锻炼了我逻辑交流的能力。干得好，就能

> 我摸索出了一个思考过程：产生疑问，把自己的想法落实到语言，刨根问底，用自己的头脑寻找答案。

得到更多的小费，这一点又使我的经验日臻完善。当时的美国游客非常慷慨，每人给 2 美元的小费，每天带一个团，一天挣 50 美元导游费的情况并不罕见。当时，我初次任职的薪金还不到 1 万日元，仅小费一天就能挣到 1.8 万日元（当时 1 美元约合 360 日元），这使我切身体会到解说精彩、顾客满意度高能带来怎样的效果。学生时代，我有 6 年只注重“成果”的经历，对我此后的工作态度产生了巨大的影响。

此外，从中学到研究生毕业我一直坚持写日记，这也成为我锻炼思考能力的一种训练。当时我阅读了不少哲学著作，如康德的《纯粹理性批判》，每天都在日记中写下读后感与评论。学生时代喜欢对很多问题发表意见，这一点对我日后的工作也很有用。

当时，我摸索出了一个思考过程：产生疑问，把自己的想法落实到语言，刨根问底，用自己的头脑寻找答案。而真正把这一过程整理归纳为一种方法，依靠的还是我在东京工业大学研究生院和麻省理工学院学到的实验计划法等科学的方法。这就是建立假说，策划必要而彻底的验证步骤，以证明假说的正确性。对于那些未经验证的假说，我们必须通过最基本的实验做出验证。

在实验预算受到限制的环境中，如果不运用逻辑思考，就永远无法得到结果。我在读研究生的5年时间里，正是置身于这样的环境中，那段经历对我后来的经营工作意义重大。如今我已年过花甲，我深切地体会到，那段经历之所以在我后来的工作中发挥了重大作用，是因为在那5年时间里，我一直都在认真地锻炼自己的思考能力，而所谓人生，也正是由这一次次锻炼构成的。

第五章 适应矛盾的能力

经营中也包含着互相矛盾的事物，或者说需要同时解决两方面的问题，这是仅凭逻辑所无法认清的……提高生产率并强化销售能力便能够增加收益——在当今的世界中，以往曾带来成功的这一模式已不再通用。如今需要的不是把问题进行分解并还原为诸多因素，而是俯瞰全局思考问题的能力。

企业经营没有唯一的最佳答案

经营上的“答案”几乎都是建立在决策者主观判断的基础之上的，判断失误，损失就会加重，我们必须牢记这一点。

在高效推进事业发展的过程中，当我们遇到问题时，解决问题的第一步就是思考“我们能够做什么”，然后清除那些把“能做的事”变为“不能做的事”的障碍。此时，我们暂且假定“A 或者 B 是正确的”。例如某种商品的市场占有率并未如预期那样提高，当我们面对这一问题时，会考虑有两种假说：假说 A 为“如果商品供给充足，市场占有率便会提高”；假说 B 为“如果降价，市场占有率便会提高”。如果经过验证，证实假说 A 是正确的，那么我们便决定投入资源，在商品的供给方面加大投资力度。简单地说，这就是解决问题的过程。然而，在此过程中却存在着陷阱。

如果对所有现象都采用这种二律背反的逻辑来分析，便会完全否定相反的现象，抹杀其存在的可能性。举例来说，“由于商品供给不足，因此市场占有率难以提高”，这一结论确实成立，但市场占有率难以提高还有可能是其他因素造成的，比如设定的价格过高、商品本身的吸引力不够、广告宣传的作用发挥得不够充分等。

我想利用物理学家维尔纳·海森堡 1927 年发表的“不确定性原理”对此做出说明。不确定性原理指的是测定物质的微小单位要通过粒子（确定位置）或波动（测定速度），两者不能同时进行。其原因在于测定一个方面本身会对测定另一方面产生影响，使测定结果无法确定。也就是说，物质的本质是粒子还是波动，是无法通过测定来确定的。用二元论的观点来讲，这就意味着对立的现象同时存在。

一切事物都是由各种复杂的因素纵横交错构成的，具有多重结构，充满着矛盾。每一个问题都具有独特性，因

> 无论多么复杂的问题都有答案，只是答案并非一个。当多个答案交织在一起时，重要的是判断哪一个答案最好。

环境、历史和方针的不同而不同，这正如人类的指纹，每个人的指纹都是独一无二的。因此即使采用因素还原论的方法进行分解，也无法找到唯一的最佳答案。

反复建立假说并进行验证，目的并不在于寻求唯一的最佳答案，而是找到问题的关键所在。然而，正因为采用的是科学的方法，当假说得到验证，我们便认为这是唯一正确的答案。这样一来，便舍弃了其他的可能性，有可能忽略重要的问题。从某种意义上讲，这已成为思考的一种定式，是一个陷阱。

无论多么复杂的问题都有答案，只是答案并非一个。当多个答案交织在一起时，重要的是判断哪一个答案最好。经营上的“答案”几乎都是建立在决策者主观判断的基础之上，判断失误，损失就会加重，我们必须牢记这一点。在这种情况下，策划、生产、市场活动、销售等所有商业环节都会陷入困境，为了尽快解决问题，人们便会从两者中选择一个，判断“应该是A还是B”。

在对速度要求较高的商业领域，期待完美并不现实。试图为每一个问题都找到解决方法，这样做效率过于低下，某种程度的先行表决必不可少。重要的并不是寻求唯一的最佳答案，而是在“假说→验证→结论→实行”的过程中，养成一种处理问题的习惯，即对事物的实际状态进行合理的分析，并从多个角度把握分析的结果。

经营中包含的矛盾

如今需要的不是把问题进行分解并还原为诸多因素，而是俯瞰全局思考问题的能力。

按照亚里士多德的推理方法，“A=B，B=C，因此A=C”，A=C这一答案是一个永不改变的静态命题。针对这种静态的逻辑推理，黑格尔提出动态的逻辑推理进行反驳，其核心理论便是“辩证法”。例如生与死是相对立的概念，活着是生命成熟的一种状态，但也可以说活着便是步步接近死亡。总之，生中包含着死。我们由此得出一个结论，那就是“任何人都会死亡”。

按照黑格尔的说法，命题中包含着与之相矛盾的反命经营中也包含着相互矛盾的事物，或者说需要同时解决两方面的问题。这是仅凭逻辑而无法认清的。

题，在发展的过程中矛盾被扬弃，在更高的层次上得到协调与统一，从而产生新的命题。然而，即使是经过协调和统一后产生的概念，其中也包含着反命题，一段时间之后，内部矛盾还会带来变化，从中产生解决矛盾的新命题。

马克思列宁主义是俄国革命的基础，它是在黑格尔辩证法的基础上产生的。作为攻击资本主义社会内在矛盾的形式，它提出了共产主义社会的模式。社会主义国家是在这一理论的基础上出现的，但社会主义国家内部的矛盾依然在发展，计划经济难以实行，必须向新的经济体制转变和过渡。但从发动俄国革命的人的角度来看，也许历史的发展方向是符合自己的逻辑的。

经营中也包含着相互矛盾的事物，或者说需要同时解决两方面的问题，这是仅凭逻辑而无法认清的。即使是著名的经营者，在寻找解决这种问题的线索方面，通常所依赖的灵感与判断力也会变得迟钝。松下幸之助先生便是一位理解经营中所包含的矛盾，并能够果断决策的经营者。颇具代表性的事例是他在开发研制家庭录像设备方面超过了索尼公司，在此过程中，他表现出了非凡的决策能力。

当时的松下总公司正在利用合作伙伴荷兰飞利浦公司的技术研制 V2000。而集团分公司 JVC（现 Victor 公司）与竞争对手索尼公司分别在研制 VHS（video home system，家用录像系统）和 Betamax（家庭影音录放设备）。这三家公司展开了产品研发战。此时，松下幸之助先生倾听了 700 多位工程师的意见后做出决策：放弃 V2000，把公司命运的赌注押在 VHS 上。

当时松下对自己公司的产品已经投入了几百亿日元。一般的经营者是不会把这笔投资白白扔掉，去开发分公司的产品的。松下幸之助先生从更高的层次解释了经营中包含的矛盾，在放弃自己公司的产品、战胜索尼的信念指导下，他选择了守卫自己构建的家电王国的最佳途径。此后的事情众所周知，松下公司采用 VHS 实际使用标准的战略获得了胜利。

接下来我们再思考一下照相机行业。胶卷相机被数码相机取代，而数码相机正逐渐被具有数码拍照功能的移动电话取代，关于这一内容，我在第二章中已做过论述。日本的照相机行业曾经超过德国跃居世界第一，而如今照相机已经失去了它存在的基础，成为计算机输入输出的终端。

数码相机的平均价格从 5 年前的 4.5 万日元迅速下跌到 2.5 万日元，走上了与计算器相同的道路。在如此严峻的形势下，对数码相机厂商而言，是否存在有效的经营战略呢？我认为是存在的。只要认清数码相机用户的需求，就能够看清前进的方向。

用户可分为完全不同的两种类型。大部分用户拍照片的目的在于留下记录，他们很有可能利用移动电话达到这一目的，而不再使用数码相机。那么，数码相机厂商则应以少数摄影爱好者为主要顾客。这些人把拍照片作为一种兴趣爱好，于是对画面的效果和色彩的真实性非常在意。用 50 种不同型号的数码相机拍摄同一个场景，给 100 个人看过后，每个人的反应则不尽相同。给他们看的照片非常准确地再现了自然界的色彩，但肯定还是会有人说“枫叶的颜色应该更鲜艳些”“樱花花瓣的颜色应该更白一些”。

也就是说，他们的脑海中留下的并非自然界原有的颜色，而是在原有颜色的基础上，由大脑进行了加工。这就是消费者的感性，这个问题非常难以解决。工程师采取措施忠实地再现自然界中的颜色，但用户并不认可。对生产相机的厂家而言，这的确很难理解。

用户在要求数码相机能够再现自然色的同时，各自在头脑中描绘的颜色却与自然色有着微妙的差别。准确地抓住这种矛盾，使照片能够再现留在用户脑海中的那种颜色，产品便会与众不同。如果注意到这一点，日本的厂家就应该在数码相机的制造中加入这种技术，但实际情况却是它们依然在积极增加像素数。放弃这种想法，制造“能拍摄出氛围”的数码相机，并宣传这一卖点，四五万日元的价格是完全有销路的。

不过，必须做好心理准备，这是在放弃数码相机 80% 的市场，靠剩余 20% 的市场一决胜负。在 80% 的市场中，价格日益降低，必须避免被卷入这场消耗战中。在市场占有率不高，但能够确保利益的世界中，必须改变战略，抓住半数以上的顾客。日本企业把提高市场占有率当作绝对的价值标准，不知它们是否能够做出这样的决策。当巨大的变革即将击垮整个行业时，这种果断是必不可少的。

我们从30年前的钟表行业中也可以看到相同的情况。1969年，陬访精工舍（现精工爱普生）在世界上首次利用水晶发出的振荡制成石英手表，宣告了钟表行业新时代的到来，源于古埃及的关于钟表精确度问题的争论就此画上了句号。此后，中国香港、中国台湾和韩国也开始大量生产钟表，打破了行业固有的价格水平。再之后，以斯沃琪为代表的流行款式的手表受到欢迎。如今，瑞士生产的高级手表已逐渐成为装饰品（有的手表以珠宝做装饰）。手表已经进入出售“氛围”的时代。

我的朋友杰克·豪雅（豪雅公司的名誉董事长）把这种现象称为从Mass（批量生产）向Class（等级）的转变。瑞士的手表公司把自己置于产量仅占全球0.3%的狭小市场中，由此获得的利润却占行业的一半，并且成功地击败了技术能力不够完备的日本。

在此过程中，精工爱普生领导了钟表革命，然而颇具讽刺意味的是，由于精确度的优势不再发挥作用，它的事业被迫衰落下去。辉煌一时的“世界的精工”未能放弃成提高生产率并强化销售能力便能够增加收益——在当今的世界中，以往曾带来成功的这一模式已不再通用。

功的经验，未能捕捉到消费者爱好的变化。如果它在全盛时期收购瑞士的钟表厂家，情况将会截然不同，然而，由于对自己公司的品牌过于自信，精工未能做出这样的决定。

而西铁城却从生产手表的厂家变为零部件的提供者。目前，以瑞士的高级手表为代表，全球的手表用的都是西铁城的零部件。西铁城看到了精确度竞争的终结，改变了战略，而精工却未能做出这种决策。

正如钟表行业从追求精确度向出售氛围的转变一样，数码相机行业最终也将走上同样的道路。或者像西铁城那样主要生产手表的配件，或者像瑞士钟表那样在狭窄的市场中生产高收益的商品，数码相机厂家的经营者必须对此做出决策。

如果选择后者，经营者必须看准一切发展动向，包括自己的判断将会在消费者中间产生怎样的效果，否则将无法做出正确的判断。提高生产率并强化销售能力便能够增加收益——在当今的世界中，以往曾带来成功的这一模式已不再通用。如今需要的不是把问题进行分解并还原为诸多因素，而是俯瞰全局思考问题的能力。

解决问题的能力与沟通的能力

正确的指挥方法与经营者的灵性与人格有关，是非常微妙的，人们即使知道解决问题的方法，也不一定能掌握。

无论提出多么宏伟的愿景，如果收益恶化、现金流枯竭，企业就会破产。因此，经营者的职责就是对经营是否合理做出判断，而经营是否合理要靠数字来证实。员工的工作动机、忠诚度以及创造性等衡量经营是否合理的标准则反映着数字所无法证实的部分，这就要求经营者具有出色的领导才能。换一种说法，前者可称为管理，后者可称为领导能力。这两者共存于经营之中。高水平的经营者必须兼备追求收益的能力与领导组织的能力。

彼得·德鲁克曾经指出，经营者与员工的关系如乐队的指挥与队员的关系。乐队的指挥了解队员的技能，能够指挥队员达到最佳演出效果；队员理解指挥所描述的乐曲，配合指挥演奏。他们共同的目的便是“通过演奏吸引（作为顾客的）观众”，并为实现这一目标付出最大努力。

对经营者而言，最难的是指挥组织的成员，也就是如何让成员了解自己的意志。业绩蒸蒸日上之时，转向积极的进攻之时，背水一战之时，局面不同，组织的规模、员工的心理状态不同，采取的方法也不尽相同。正确的指挥方法与经营者的灵性与人格有关，是非常微妙的，人们即使知道解决问题的方法，也不一定能掌握。

杰克·韦尔奇的指挥是强有力的。有一年，在通用电气的管理层会议上，韦尔奇下达了命令：“本年度主要的目标市场是阿根廷、墨西哥和印度，请大家全力以赴。”然而到了第二年，他却说“目标市场是中国”。有人问他前一年提出的那3个国家怎么办，他说：“把它们忘掉。”像通用电气这样的大企业，拥有接受过训练的管理者，对于领导者明确的决策，组织是具备理解能力的。因此，在组织陷入混乱时，才不会被引向错误的方向。可以说，这是因为大在市场与顾客的反应方面，经营者必须磨炼自己的沟通能力，以捕捉微妙的变化，并准确地传达自己的指令。

家充分信赖韦尔奇的领导能力。

然而在这种情况下，普通企业的员工会迷失方向，组织的功能也会变得不健全。出现这种问题的原因在于最高领导者发出的指令模棱两可，正如我们经常看到的日本大企业那样。总之，经营者必须了解，对于自己发出的指令，员工将会有怎样的反应。

在市场与顾客的反应方面，经营者必须磨炼自己的沟通能力，以捕捉微妙的变化，并准确地传达自己的指令。可以设立监控机构，了解自己的指令是如何被理解的。英国前首相玛格丽特·撒切尔在就任首相之后，立刻果断地进行“撒切尔革命”，她从国内的 7 家优秀企业中各选出一名 30 多岁的员工，他们被公认为是企业未来的管理者。撒切尔把他们召集起来组成一个小组，每周利用一个下午的时间开展调查工作。

他们走遍英国，调查国民与媒体是如何理解首相的发言的，然后反馈给撒切尔。撒切尔对结果进行详细的分析，适当地改变自己沟通的方法。不仅是作为在野党的工党，就是作为执政党的保守党内也有不少人反对这种做法，而她的大胆改革之所以能取得成功，正是因为她通过良好的沟通技巧赢得了国民的支持。

领导者稳坐在办公室内是无法了解员工与顾客的想法的。从工作现场的氛围、市场对自己公司的产品与服务的反馈等方面，了解员工与顾客对自己发出的指令有何反应，并用心去感觉一切微妙的变化，这也是经营者的工作。

要想获得事业的成功，解决问题的方法必不可少，但经营者对事物还必须有微妙的感觉。只有不断努力地去领会，使这两者达到平衡，才能成为一名优秀的经营者。

集权与分权

扬弃矛盾的能力在不断思考中得到磨炼。商务专家是不能仅凭简单的二元论思考问题的。

如果希望通过合理的经营，制约由非合理性因素支配的领域，我们便会面临许多矛盾。在此我想介绍一家能把这些矛盾巧妙地组合起来，并增加收益的企业。这就是LVMH，它拥有路易威登、克里斯汀·迪奥、娇兰、轩尼诗等共计39个世界知名品牌。该集团保持旗下品牌企业的传统与个性，发挥集团规模经济的优势，建立起一个合理因素与不合理因素、理性与感性共存的体系。2003年，集团的营业额高达 119.62 亿欧元（合 1.6 万亿日元）。

集团的管理者贝尔纳·阿尔诺是一位财务专家，他毕业于法国综合理工大学，后于哈佛商学院学习经营学。1984 年，集团收购马塞尔·布萨克集团，控制了该集团旗下的迪奥，迈出品牌商业的第一步。1987 年，他就任 LVMH 的总经理后，通过积极的并购，接连把具有悠久历史传统与良好顾客基础的高级品牌收购到 LVMH 旗下，建立了世界上最大规模的高级品牌联合企业。

阿尔诺对收购的高级品牌并不采用中央集权式的管理方法，从这一点我们可以看出他卓越的经营才能。在财务方面，他引进了最新的方法；在打造品牌的过程中，他保证各品牌的独立，绝不插手。因此，虽说从属于同一个企业集团，但各品牌并没有失去独创性，而且各品牌在竞争的过程中不断创新，吸引顾客。正如他所说，“品牌要想获得独创性，就要优先考虑市场营销。如果首先从经营的角度考虑，则无法取得令人满意的成果”。他非常了解有损于品牌创造性的不利因素。

企业的协作效果，通过广告宣传、开办商店、招聘人才等方式得到了最大限度的发挥。翻阅一下放置于国际航班上的杂志，我们可以看到几十家公司的品牌广告，它们几乎都是 LVMH 公司旗下的品牌。在全球的主要机场都能看到 LVMH 某一家分公司开办的免税店在出售自己的商品。持股公司 LVMH 对各公司的财会、人事、组织结构变动等做出战略决策。此外，各分公司的最高管理者还会组成委员会，负责协调整个集团的战略事宜，使整个集团的行动协调一致。

经营者往往希望行使自己的领导权，在这方面，耐克的菲尔·奈特颇具代表性。他也收购了众多品牌，但与阿尔诺不同的是，他把任何一个品牌都“耐克化”了。其中有一件事非常滑稽，这就是他在收购 1928 年创立的美国高级品牌可汉（Cole Haan）时，在皮鞋底充进了“耐克的气体”。

他这样做也许是因为喜爱耐克，但归根结底还是企图管理一切的天性所致。如果把旗下的所有品牌都耐克化，各品牌也便丧失了原有的魅力。可能有的品牌会在“耐克化”后获得成功，但从扩充品牌资产、开展协作这一目的而言，把多个品牌合并为一个品牌的做法是错误的。在合理经营方面，奈特是一位优秀的经营者，但在品牌管理方面却逊于阿尔诺。

LVMH成功地解决了一些难以共存的经营命题，如发挥创造性与计件管理、继承传统技术与通过技术革新开发新产品、确保独立性与规模经济等。阿尔诺实现了这一切，我们从他的身上看到了一位天才经营者的经营才能。他是一位在媒体上较少露面的经营者，在《贝尔纳·阿尔诺如是说》一书中，他做了如下论述：

企业的成功在于灵活操纵不合理与合理两方面的因素，并把不合理的因素转变为经济效益。这两种矛盾互不相容，但由此产生的变化却是丰富多彩的。

扬弃矛盾的能力在不断思考中得到磨炼。商务专家是不能仅凭简单的二元论思考问题的。

全球化与本土化

企业活动在某种程度上也必须考虑按客户需求定制。

在第二章中，我曾经论述了在无国界的经济空间中与世界主要市场保持等距离，同步开拓世界主要市场的重要性。随着网络化与无国界化，即全球化的发展，消费者开始超越国家与文化背景，同时需要某一种商品。

我把这些消费者称为“网络之光”（cyber-light），人均GDP达到1万美元，可支配的收入增加，8亿“网络之光”便会同时开始同一种消费行为。“网络之光”是通过互联网购物的。正如iPod在全球热销一样，同一种商品将会在瞬间大量售出。

在当今时代，这种现象会发展得越来越快。顺便提一句，近5年来，移动电话迅速普及，全球已有10亿用户。如果移动电话上网得以普及，“网络之光”便会一下子增加到10亿人，从而出现一个10亿人的无国界市场。全球若有哪一家企业认清了这一巨大市场的发展趋势，便能利用网络空间销售商品。

业界只要出现一家真正开展全球化业务的企业，其他公司便会在成本竞争方面彻底丧失优势。例如，投入1000亿日元的成本开发新药，在1.2亿人的日本市场，如果达不到人均约833日元的销售额，便无法收回这笔资金。然而，在10亿人的无国界市场中，人均仅100日元的销售额便能收回开发成本。开发成本的回收负担相差7倍，无国界市场意味着一个巨大的成本优势。同样，在制造与销售的过程中，固定费用的回收也是由市场规模决定的。这方面的费用必然体现在商品的价格，以10亿人的无国界市场为目标的企业容易制定灵活的价格标准，也容易获得利润。

消费者的结构发生了变化，成本竞争的方式也与以往不同，因此企业必然要走向全球化。固守某一个地域，能守住的东西已不多。但事实上，在这个全球化的时代里，有的领域正在开展本土化，ISP（互联网服务提供者）的事业便是其中之一。

以称霸全球为目标的美国在线和 eBay（亿贝）公司因无法涉足日本市场而最终撤退便是很好的例证。乐天在日本国内实力强大，但不一定能在其他国家获得发展。雅虎在世界范围内应用较广，但在日本也只是应用于拍卖活动和宽带。该公司在世界范围内获得成功主要依靠的是本土化战略，它通过彻底满足地域需求，走上了一条迂回发展的道路。

有些全球标准是无法改变地域标准的，这些领域大部分受语言和文化的影响。键盘的排列方法“QWERTY”本来并不合理，效率也并不高，尽管如此，由于过去的打字机性能低劣，打字速度过快便会损坏机器，于是只能采用这种低效率的排列方法。此类现象是历史造成的，无法改变。

针对跨国企业的 5 个发展阶段，我提出过一个概念，这就是“企业最终必须以知情者的身份在主要市场活动”。我当时用了“知情化”这个词来说明，简而言之，在所打入

> 虽然一些企业在世界各地开办了独立的分公司，但只是分公司的数量众多，却并未充分发挥全球化的优势。

的国家中，必须像当地企业那样行动。索尼的盛田昭夫先生曾经在演讲中经常谈到的“全球的思考，地域的行动”至今仍是一个重要的概念。不过，有时“地域的思考，全球的行动”的思维方式也是必不可少的。

全球企业不断加强对总公司的管理，在一个国家取得了成功，便企图把成功的经验推广到其他国家。然而每个国家的商业习惯都是不同的。虽然利用这种方法曾经获得过成功，但由于分公司开办在其他国家，发展受到限制，与当地企业或自由度较高的当地分公司相比，行动容易迟缓。即使是全球化的商品，如果不考虑采用符合日本、中国、印度等各国地域特性的销售方法，也没有销路。同样的道理，企业活动在某种程度上也必须考虑按顾客需求定制。

虽然一些企业在世界各地开办了独立的分公司，但只是分公司的数量众多，却并未充分发挥全球化的优势。全球化的目的在于打入10亿人（全球有60亿消费者）的市场并降低成本，因此，财务、人事、研发、采购等各项业务均应符合全球标准。此外，还要建立起一个能把本土化的智慧运用于全球的组织。

IBM建立了名为“全球解决方案字典”（global solution dictionary）的数据库。该公司的商业伙伴向其他合作者、普通顾客、IBM的业务员公开解决方案，通过资源共享赢得合作机会。当然，公司也会把从中得到的知识储存起来。建立起一套顾客与企业都能理解的高透明度的规则，便有可能把知识运用于全球化的进程。

在麦肯锡，咨询顾问在遍布全球的办公地点之间频繁调动，把在某一个国家摸索出的知识技能抽象化，从而建立起一个全球统一的组织。这样，通过发挥全球化与本土化的优势，即可建立起真正的全球化企业。

竞争与顾客

细心考察顾客的需求，为了满足顾客的需求，对公司在多大程度上能够自由行动进行周密的分析至关重要。

在制定战略时，考虑到竞争对手的因素固然非常重要，但不应该把它作为首要因素抓住不放。细心考察顾客的需求，为了满足顾客的需求，对公司在多大程度上能够自由行动进行周密的分析至关重要。此时，如果能够优先考虑顾客的利益，为此提高生产率并改进生产行为，便能建立起固定的顾客群，强化收益率与顾客忠诚度，提高顾客的购买欲望与购买能力。

为此，重新定义“提高利益的关键因素”非常有效。

从这一角度考虑问题，不用采取任何措施，商品化即可得到发展，在战略上缺乏吸引力而显得萧条的行业也可以出现成功的事例。墨西哥 Cemex 水泥公司采用了一种极为简单的方法，发展速度便远远超过了其他公司。

水泥行业是一个成熟产业，这个行业的商品与竞争规则已经很难有什么创新，开展的竞争也千篇一律。水泥的质量急剧下降，在注入混凝土搅拌车的瞬间便开始凝固，因此如果不迅速运输，便无法交货。在墨西哥这一开发速度较快的城市，存在交通拥堵、天气变化、建筑工人的来源不稳定等因素，严格地执行运输计划非常困难。对该公司的顾客——建筑公司而言，有可能在施工现场尚不需要水泥的情况下水泥便已运到，或者情况更糟糕，水泥尚未运到，致使公司高薪聘请的操作人员无所事事。

1985 年，任墨西哥 Cemex 公司首席执行官的洛伦佐·赞布拉诺认为，这项事业是有改善余地的。按照行业习惯，水泥是以立方码（1 立方码约合 0.7646 立方米）为单位销售的。对顾客而言，与水泥的价格相比，更重要的是确保在准确的时间运送到所需数量的水泥。赞布拉诺察觉到了这一点，并开始考虑强化运输过程。

标杆不一定是其他竞争公司。有些企业通过改变商业习惯成功地改进了商业行为，以这样的企业为标杆非常有效。

为了清理由多年墨守成规的竞争形成的事业死角，Cemex 引入了新的视点。首先是提高质量。在日本有一种方法非常普及，那就是“Why × 5”（问 5 次为什么），问一问“为什么无法提高质量”，从各项指标中得出 5 个答案，然后从中寻找最根本的原因，最后着手制订解决方案。Cemex 也是问了 5 次“为什么”，彻底查明自己公司的哪些能力能够满足顾客的要求。

另外一种方法是标杆管理。标杆不一定是其他竞争公司。有些企业通过改变商业习惯成功地改进了商业行为，以这样的企业为标杆非常有效。Cemex 以联邦快递和配送公司为标杆建立起了一套系统，可随时改变混凝土运输车的送货地点。该公司优化了整个地域的配送模式，能够立即接受突如其来的订货，目前已能实现在接到订货数小时之内把水泥送到。有时可以在几分钟内完成交货，还可接受多次订货变更，甚至提前预测顾客的需求并制订资金计划。

Cemex 只不过是墨西哥的一家地方企业，如今在水泥行业已发展为全球第三，正在把全球第二作为自己的发展目标。在新兴市场中，它在积极收购与组织结构变更方面取得了显著成效，2003 年的销售额在 30 个国家达到了 71.7 亿美元。

Cemex 的战略之所以取得了成功，主要原因在于它把事业的重心由商品转向运输服务，这才是顾客真正需要的。也就是说，把业务的重点由商品数量转变为交货时间，这在业务上只不过是一个简单的变更，但该公司甚至在信息、后勤、运输基础设施等方面都依照交货时间进行了变更，业绩指标和奖励制度也按照顾客的需求来改进，于是公司彻底的事业改革波及了整个行业。

这种彻底的改革成为推进事业发展的强大动力。如果像 Cemex 这样，能够通过自身能动的行为，迅速发现改进顾客核心能力的方法，那么制约事业发展的因素便会烟消云散，进而就可放弃利润较低的商品，以顾客能够接受的价格为标准，制定自己公司产品的价格。

从竞争的观点来看，竞争对手预料不到这是由于业务重点的改变带来的，因此无法轻易思考出对策。改变了业务的重点与业绩指标，即使不是永远，也能够长期获得竞争优势。如果能够提高解决问题的能力，重新创造公司股东的价值，则会收到更好的效果。

印度人拉克希米·米塔尔带领的米塔尔钢铁公司在钢铁这一商品领域跃居世界第一位。他收购了发展中国家陈旧的炼钢厂，并不断努力对炼钢厂进行改造。日本只对最新型的设备感兴趣，他则另辟蹊径。如今，巴西、俄罗斯、印度、中国等国家对钢铁的需求量很大，在这一形势的推动下，该公司的收益能力得到进一步强化。在未来，“世界第一”这个词很能说明问题，世界第一的公司能够很好地把握多元经济的发展。总之，米塔尔钢铁公司已经走向全球，它通过“世界第一”的地位获得了控制21世纪经济的魔杖——多元化。

自由与统率

如果对组织的领导力随着权力的集中而增强，个人变成组织的一个齿轮，便难以产生自由的构思。这样，组织便丧失了灵活性，难以适应环境的变化。

对市场、顾客、商品与服务等事实进行的分析，就像被挤到调色板上的颜料，只不过是供那些具备战略头脑的人描绘自己构想的材料而已。接下来必不可少的是重新思考自己公司的商品和服务的本质是什么，究竟能起到什么作用，以及如何建立起设计、制造、销售商品所需的最佳服务体系。

此时，自由的思考与行动决定着新事业构想的产生以及构想能否实现，而事业要想得到发展与继承，事业的主体必须统率从事该项事业的人们。总之，“自由”与“统率”这两种矛盾的相互作用在事业发展中是必不可少的。它们有时会在组织内部产生冲突。这是组织的一种发展动态，它们可以激发组织的活力，训练组织对变化的适应能力。近些年来，很多组织都在不断摸索如何使这两方面平衡发展。

不少组织尝试放松领导，扩大个人能够酌情处理问题的范围。毫无疑问，增加自由度是正确的方向。对员工的领导只在环境变化较小、遵循提前设计好的步骤完成工作即可提高生产率的情况下才能发挥作用。在如今环境变化剧烈、需要迅速做出反应的情况下，尽量扩大个人能够酌情处理的范围，反倒会提高生产率。此外，如果对组织的领导力随着权力的集中而增强，个人变成组织的一个齿轮，便难以产生自由的构思。这样，组织便丧失了灵活性，难以适应环境的变化。

我们可以看一个极端的例子，这就是经营陷入困境的日本私营铁路行业。目前，各家私营铁路公司的财务非常紧张，其资产总额已经大大超过市值总额，这是由于泡沫经济时代实行的增加线路与沿线开发政策的失败，以及旅客人数减少造成的。而旅客人数之所以减少，是因为人口出生率降低，日本已进入老龄化社会。即使把线路与车站用地以及其他无法挪用的资产也计算在内，从经营效率的观点来看，依然存在不容忽视的问题，因此市场给予的评价非常低。为什么会出现这种情况呢？

这是因为日本的各家私营铁路公司沿用的依然是明治时期以及战后的商业模式，这种商业模式是由创建阪急电铁的小林一三先生以及创建东急电铁的五岛庆太先生开创的，日本的私营铁路至今仍然未能摆脱这一模式。首先铺设铁路、设立车站、开发沿线的住宅用地，其次配备公共汽车和出租车等交通工具，设立各家私营铁路的连锁超市与休闲设施以招揽居民和购物者，并配备医院与学校。与此同时，在首都范围内各家私营铁路的主要始发站和终点站附近开设大型百货商店以吸引沿线的乘客。沿线居民增加，来自乘客的收入便会增加，同时地价上涨，来自土地的收益也会增加。

这一商业模式的确带来了日本私营铁路的繁荣，这在世界上是绝无仅有的。开创这一模式的小林一三先生和五岛庆太先生具有出色的先见能力、构思能力和执行能力。遗憾的是，这些专家的智慧未能被以后的各组织所继承。随着时代的变迁，商业模式也在发生着变化，然而却没有出现一位能构思出新商业模式的人物，确实让人感到遗憾。这也许是因为铁路的公共性很强，而且铁路事业受到诸多限制，组织过于强调统率的缘故。

银行的情况与此完全相同。通过合纵连横，银行仅仅扩大了规模，实质并没有任何变化。以前在大藏省采取的政府保护措施之下，银行只要能赚到差额利润，便可获得稳定发展。在那种环境中，没有必要提出新的构想，自由的构想反倒有可能扰乱行业秩序，成为一种干扰。银行受到呆账坏账的影响依然能够高枕无忧，企图通过公共资金和零利率等办法获得发展。银行依赖国民和存款人的需求存活下来，但我认为它们并不具备在21世纪生存的能力。

只要统率好组织就万事大吉，在这样的组织结构中，经营者多年沿袭既定路线，让他们做出改变非常困难。我们无法期待他们能开展高水平的金融服务，把重心转移到投资银行业务，并在世界范围内竞争。

他们也根本不会构思出从大型计算机转向运用服务

> 不开动脑筋别出心裁，只要求按部就班地完成工作，在这样的组织中不会产生史无前例的构思，也不会涌现出具有向新事物挑战精神的人物。

器的开放体系。在这一领域，他们不得不依靠印度工程师的帮助，系统工程部门没有人能够完整地制定出自己公司的系统规划。只依靠专业技术人员的企业是无法培养出专家的。

私营铁路和银行都是紧紧抓住既得利益的被统率者，是不可能有什么创新的。如果组织结构的效率低下，缺乏国际竞争力的产业得以存活，那么日本整体则有可能陷入一种缺乏活力的状态中。要想在体制陈旧的企业中发起革命，就必须从外部注入新鲜的血液，把经营交给能够自由思考的人，我们必须有这种思想准备。

20 世纪 80 年代，美国出现了以资产抵押出售的方式收购经营效率低下的企业并向企业输送经营者的现象，这些企业毅然实行裁员。这种方法是从外部注入“自由”，它促使无法实现自我变革的企业觉醒，在恢复美国企业竞争力方面发挥了巨大的作用。

战后，带领日本经济走向复兴的经营者以“自己肯定能做到”的思维方式打破了旧的秩序，勇敢地开创了全新的事业。本田宗一郎先生说“不试试看吗”，松下幸之助先生说“站在原地是无法向前迈步的”，三得利的创始人鸟井信治郎先生说“试试看”，这些人都亲自鼓励部下振作精神面对新的事业。他们的话体现了一种共同的精神，用英语表达便是菲尔·奈特的座右铭——Just Do It.（想做就做。）这句话里包含着创业者的灵魂和挑战者的精神，它们对于抓住事业发展的机会至关重要。

不开动脑筋别出心裁，只要求按部就班地完成工作，在这样的组织中不会产生史无前例的构想，也不会涌现出具有向新事物挑战精神的人物。因此，目前的日本企业迫在眉睫的事情是建立起一个环境，让能够自由思考的人大显身手。我们要有勇气赶走那些依靠僵化的思考做出判断的领导者，我们要行动起来，打破那些功能不健全的组织与体系。经历了这样的变革之后，将会出现全新的日本企业。

左脑与右脑

人类具备两种能力：用左脑说话、理解并进行逻辑思考；用右脑进行感性、直观的思考，这主要是通过对形象的认知而非语言来完成的。

不少人有一种误解，他们认为逻辑思考与战略思考就是收集数据，做出正确的分析，认为只有通过这一过程，才能解决未曾出现过的问题。然而事实却是，真正具有创造性的突破大多隐藏在事物之间错综复杂的关系之中，只有认清这种关系，我们才能获得突破。事实上，这项工作是由掌管人类“视觉思维”的右脑来完成的，也就是说，要靠直觉去洞察这一模式。

人类的思考活动只不过是对大脑中存储的事物重新进行排列与组合，因此思考能力在很大程度上受记忆特点的影响，正如计算机的计算能力与速度受记忆设备的容量和速度限制一样。人类的记忆由掌管语言中枢的左脑来支配。大脑按顺序一项一项地完成工作，这一点与计算机的记忆设备非常相似。

然而，左脑也好，计算机也罢，它们的工作程序都存在问题。也就是说，如果缺少一个数据，它们便无法找到答案。总之，左脑和计算机在拥有强大能力的同时却缺乏创造力。要想制造出具备创造力的计算机，必须开发出一种设备，能够像右脑一样把看到的东西整体记忆下来。然而科学家至今仍未找到制造这种设备的线索。

人类具备两种能力：用左脑说话、理解并进行逻辑思考；用右脑进行感性、直观的思考，这主要是通过对形象的认知而非语言来完成的。兼备逻辑与直觉这两种不同的功能，并能够灵活运用，是只有人类才具备的能力。不过，对同一种经历，每个人大脑的接受方式是不同的。有的人左脑的逻辑思考能力更强，有的人右脑的直觉能力更强，因此，我们每个人的能力甚至是性格有着巨大的差异。

总之，个人的能力和性格在很大程度上受大脑使用习惯的影响。

人类在思考解决问题的方法时，总是习惯运用某一侧大脑半球。例如，有人认为任何问题都可用同一侧大脑半球解决，这种想法便来自左脑的语言思考，完全忽视了右脑的作用。遗憾的是，现在的学校教育偏重左脑能力的开发，限制了右脑的思考。结果在商业界，大家越来越不愿意与沉默寡言的商业伙伴合作。

当我们面对某种现象时，正常的大脑需要做出选择：是由左脑做出反应，还是由右脑做出反应。但这并不是人类能够依靠自己的意志决定的，而是左脑和右脑分别尝试解决问题，由首先感觉到有可能找到答案的一方做出反应。在左脑与右脑竞争的过程中，活跃程度较高的一侧半球制约着另一侧半球。理想的状态是由适合解决问题的一方来完成工作，但实际情况并非总是如此。

在这种竞争机制中有一种现象需要引起注意，这就是右脑在处理某一课题时曾经输给过左脑，于是当下一次面对同一课题时，右脑便集中不起注意力，与左脑之间的竞争力逐渐衰退。长此以往，随着时间的推移，左脑与右脑在优劣方面拉开差距，在解决问题时右脑便不再发挥作用。听任这种情况发展下去，右脑便很难再集中起注意力去解决问题了。

我们不可能同时运用大脑的两侧半球平行思考语言问题和视觉问题，当大脑的一侧半球思考问题时，另一侧半球如果处于自动运转的状态，便能够发挥出大脑的作用。我们能够一边说话一边开车便是一个典型的例子。即使右脑掌握着支配权，对于简单重复的工作，左脑还是能够同时发挥作用的。这样，虽然左脑和右脑的功能有所分化，但两者可以同时运用各自独特的功能，并不发生冲突。

把自己的想法用图表和公式的形式表达出来，这项工作由左脑来完成效果更好。右脑的直觉思考从左脑的逻辑思考中解放出来，便有可能接连不断地产生新的构思。但右脑本身并不能对自己产生的构思从逻辑上做出评价。对构思的价值做出严格评价并解决问题，还必须依靠左脑的逻辑思考。右脑和左脑的这种共同作用为实现构思奠定了基础。

因此在开始写文章之前先向别人口述一遍的方法非常有效。特别是当对方露出惊讶的表情时，便会想办法让对

> 右脑具备直觉、洞察与创造的能力，左脑具备逻辑思考的能力，优秀的专家必须积极努力地把左脑与右脑的能力有机地结合起来。

方明白自己的想法，于是思路越来越宽。事实上，有的人具备这样的谈话能力，他们能够把抽象的事物表达为具体的形象。在 21 世纪的经济发展中，我们都应该具备这样的能力。

科学的进步给我们带来了极大便利，但对于人类的大脑究竟有多大的潜能，我们尚未做出充分的研究。我们已经理解了右脑（直觉）与左脑（理论）的功能是如何分化以及如何相互作用的。人类已经向弄清大脑左右半球之间复杂而未知的相互作用迈出了重要的一步。如果能够正确理解大脑左右半球的适应性，注意到自己的用脑习惯，那么，在解决某个问题时，便可有意识地让适合解决这一问题的大脑半球去完成，这对于大脑的活动是非常有利的。不过有一点不要忘记，逻辑和语言只不过是工具而已。

右脑具备直觉、洞察与创造的能力，左脑具备逻辑思考的能力，优秀的专家必须积极努力地把左脑与右脑的能力有机地结合起来。此外，最近人们越来越重视沟通能力，右脑受到广泛关注，于是出现了“情商”（EQ）的概念。顺便提一句，情商理论是由耶鲁大学教授彼得·沙拉维博士和新罕布什尔大学教授约翰·梅尔博士提出的，在日本被译为“情感的智力指数”。

情商高，则意味着善于调节情感，善于保持良好的人际关系，善于敏锐地察觉他人内心微妙的变化。这样我们才能迅速达成目标，建立并维持良好的人际关系。情商较高的人更容易得到周围人的帮助。

如今，我们面对的是21世纪的全球市场，在顺应周围环境变化的同时，我们发现，“新大陆”要求全球建立起一种相互依存的关系，大家开始承认彼此存在的意义和必要性，开始探索成熟的依存关系。所谓成熟的依存关系，指的是理解对方的心理需求，清楚地表达自己的需求，双方建立起相互满足的“互利互惠”（give and take）的关系。要想实现这一目标，必须努力提高情商。

右脑和左脑分别控制着人的情感与理性。前面曾经谈道，目前的学校教育偏重左脑的智育开发，而要想提高情商，则必须重视情操教育与体育运动，这是由右脑来完成的。米开朗琪罗、毕加索、莫扎特和巴赫，他们的灵感丰富，直觉敏锐；运动员、艺术家和科学家大多倾向于右脑思维，这也并非偶然。

加利福尼亚理工大学的吉埃尔·莱比教授的研究证明了一个事实：有些人视觉方面的思考依靠右脑，而逻辑方面的思考依靠左脑，但也有人习惯性地只使用大脑的某一个半球，或是左脑，或是右脑，无论这一侧半球是否适合解决问题。这对于左脑或右脑能否充分发挥作用产生了巨大的影响，并使个体之间产生差别。

此外，在对天才儿童的教育中，我们观察了智商（IQ）较高的学生在解决语言问题和图形问题时运用大脑半球的情况，发现96%的学生会根据问题的内容调用合适的大脑半球，即解决语言问题运用大脑的左半球，图形问题运用大脑的右半球。而对普通学生进行同一实验，却发现绝大部分学生在解决所有问题时都调用大脑的左半球。

基于以上事实，我们可以得出一个结论：传统的看法，即智商较高的人（也就是擅长逻辑思考的人）左脑发达、获得成功的可能性较大，并不一定正确。显然，右脑提高专家解决问题的速度与质量，重点在于在平衡运用大脑左右半球的同时，注重它们之间的相互作用。

的作用非常重要，它的重要性仅次于智商。事实上，在商业界，众多的领军人物都是依靠直觉做出决策的。正如亨利·明茨伯格在《管理者的行动分析》中所证明的那样，领导者的决策中不确定的因素与不合理的部分不计其数，他们的决策并非简单地建立在逻辑的基础上。因此，直觉是决策的重要因素之一，在经验的基础上靠直觉做出的判断，实际上与井然有序的逻辑思考同样具有准确性。

然而我却认为，情商这一概念指的是“精神”的范畴，在灵感与洞察力方面，我们有必要对第三种范畴进行思考，即智商与情商，或者说左脑与右脑的相互作用。发现左脑和右脑都不能发现的新事物、开创新的事业、超越情商与智商并具备综合能力——只有具备这些素质的专家，才能够在 21 世纪披荆斩棘。

在商业界，一个人学会某些知识与技能，在某种程度上可以取得成功。不过，有些知识和能力却是通过学习无法获得的。可以说，这正是在 21 世纪的“新大陆”中抓住成功机会的必要条件。旨在培养人才的研修、设立 MBA 学位，目的都在于提高专家左脑的能力。既然已经有可能对左脑进行训练，就应该能够找到提高右脑能力的方法。此外，肯定还会逐渐出现对大脑两侧半球进行训练的方法。

提高专家解决问题的速度与质量，重点在于在平衡运用大脑左右半球的同时，注重它们之间的相互作用。本章开头提到的问题，便可通过平衡运用大脑的左右半球得到解决。

解决问题从逻辑思考开始。首先以事实为依据提出问题。在此使用的是掌管分析和逻辑思考的左脑。其次，在探索战略方法的过程中，运用能够产生直觉与创造力的右脑，广泛寻求答案的可能性。以事实为基础，再次验证并评价从中得出的答案，探讨利害得失、是否有可能实行、是否有人胜任、组织的接受能力等，缩小选择的范围，最终得出正确答案。在此过程中，必须再次改为用左脑思考。这就像手风琴拉开后又合起来一样，只有这样做，才能制订出解决方案。

根据解决方案制订行动计划，调配人员，列出预算并执行，在此过程中还必须说服那些无意完成此项工作的人，调动他们的积极性，在这里再次需要用右脑思考。到此为止才完成了解决问题的全部过程，从未遇到过的问题得以解决。总之，解决问题是一项思考工作，它需要大脑左右两个半球按照需要交替进行思考，并通过两者的相互作用创造出新的方法。

结语

在本书中，我论述了21世纪经济社会的特征，这就是我们看不清它发展的大体趋势。在产业革命之后的社会中，蒸汽机、汽车、住房、家电以及各种机器，我们能够看得到，也能够触摸到。然而，把目光投向最近在美国出现的市值总额超过1万亿日元的企业，我们发现，其中的绝大部分都是计算机网络行业的巨人。它们都属于服务产业，但与银行和百货商店不同，是我们无法用眼睛看到的。无论是亚马逊，还是eBay或谷歌，都没有用大理石装修的豪华店面。当然，如果来到这些企业的总部，你会看到有很多人在忙碌地工作，但他们与顾客的连接点却不是店面，而是被称为“门户”的网络界面。

有不少年轻人活跃在这一领域。他们依靠的不是新技术，而是放弃了陈旧的想法，使构想变为行动。苹果公司的创始人乔布斯并不年轻，但他是一位战士，多年来一直与IBM和微软进行竞争，他的思想与行动都像年轻人一样大胆。他的构想绝不逊于创办了谷歌的二十几岁的研究生。他开创了网络时代的多媒体娱乐站点iTunes Music Store。这一娱乐站点很可能在短时间内取代“音乐”这个词。因为我们从这里不仅能够听到音乐，还可以收听广播，观看电视、电影。于是，我们可以通过网络下载一切娱乐形式，随时随地都能欣赏：在车里，在家中，在上下班的路上，完全不受时间和地点的限制。

不过，在看不见的世界中凝神观望，我们发现网络已成为乔布斯的对手，从这一意义而言，微软也许会再次成为他的竞争对手。微软试图把浏览程序装入所有的机器中，如果它获得了成功，在网络时代，便不需要再购买必不可少的硬盘驱动器（HDD）了。也就是说，想听音乐或想看电影时，从服务器上下载即可。如今，在宽带网非常普及的韩国，DVD（高密度数字视频光盘）的销售额下降，硬盘驱动器也不再受欢迎，这是因为大家即使不用下载，也能通过互联网欣赏电影、电视与音乐。

你能否在头脑中清晰地描绘出5年后自己的起居室、汽车、钱包、书房都是什么样的？毫无疑问，会与现在截然不同，我们从中看到了新的事业机会。很多企业突然破产，产业瞬间崩

> 如今需要的不再是程度与规模，而是方向，是克服眼前困难的思路与勇气，是在没有道路的地方找到道路的能力，是能看到别人看不见的东西的预见能力。

溃，在这股巨大的潮流之中，只有 21 世纪的专家才能够领导企业走向成功。

专业技术人员在以往的潮流中以专业知识和行为规范见长，他们为什么也会落伍呢？超级多面手具有使组织灵活运转的能力，他们为什么也会受挫呢？这是因为这些人越有能力，就会越迅速地带领企业走向错误的方向。如今需要的不再是程度与规模，而是方向，是克服眼前困难的思路与勇气，是在没有道路的地方找到道路的能力，是能看到别人看不见的东西的预见能力。我们需要的是此类身经百战的人才。

这类人才具有非凡的能力，在环境发生变化时，能够迅速应对。他们不仅能在现有的环境中，还能够在新的环境中、在残酷的竞争中大显身手。在任何环境中，他们都能够发挥出自己的实力。无论是在解决问题、把握现状方面，还是打破僵局、构思事业方面，他们都具备了专家的能力。如今我们所面对的不再是不同国家之间和不同产业之间的竞争，无论是在网络社会，还是在巴西、俄罗斯、印度和中国等国家，抑或是在运用高等数学的多元经济中，都需要高水平的知识以及解决实际问题的能力。我们首先必须摆脱以往对事物的看法、思考方式、习惯和规则。

然而，仅凭自由的构想是无法完成工作的，还必须有正确的方向和成熟的市场。iPod 畅销是因为全球有近 10 亿人习惯于网络下载。乔布斯不仅只用自己公司的麦金塔计算机，还采用世界标准的 Windows 浏览程序。总是优先考虑自己公司的产品，很可能会导致失败。谷歌的普及是因为全球有 8 亿人拥有 URL（统一资源定位符），他们希望成为网络领域的领航员。

在本书中，我强烈批判了商学院所讲授的内容，甚至还批判了自己 30 年前引入日本的战略论。这并不意味着那些框架已不再发挥作用，那些内容在学校作为基础知识讲授是可以的。我只是想指出，学习者如果利用那些框架去解释和理解一切事物，并企图向别人做出说明，这种做法是不够妥当的。总之，让自己的思想停留在几十年前学者的思想水平上将会带来很大的问题。

我们只有依靠自己的头脑去解决问题。如果自己的头脑不够灵活，就必须集思广益，几个人一起讨论。首先提出假说，然后对假说进行讨论，以事实为依据进行论证。我们必须从怀疑行业与企业内部的一切常识入手，必须超越年龄的界限，重视年轻人的经验、习惯和感觉。

经过这种锻炼之后，战略最终将在我们的头脑中产生，经过我们的推敲之后变得可行。如果谷歌和 iPod 再早 5 年出现，也许会和纳普斯特、网景（Netscape）的命运一样（我在本书中强调“明确时机”也是出于这个原因）。此外，如果优先考虑自己公司的产品和方式，iPod 可能也会走上与 Betamax、MD 以及 DAT（数字录音带）相同的道路。按照这种逻辑进行推理，我们很容易便能预见到 Blu-ray（蓝光光驱）与 HD（硬盘）、DVD 的发展前景。

索尼的产品落后于 iPod 是由于它过分看重自己公司内部的信息。在网络时代，企业的优势在于可以毫无障碍地获得全球所有的信息。10 年前，只要拥有信息，在竞争中便处于优势地位。然而，对于美国在线和时代华纳合并的失败，至今仍有不少人未能领会其中的真正原因，因此才会出现活力门收购富士电视台的现象。

今后，事业的成败取决于是否具有明确的远景目标。能否

今后，事业的成败取决于是否具有明确的远景目标。能否描绘出事业发展的远景，依靠的是人。

描绘出事业发展的远景，依靠的是人。战略要靠人来制定，因此我在本书中强调了明确角色与明确时机的重要性。组织框架非常重要，最近几乎所有获得成功的企业都是以打破现有的框架为起点的。

正因为如此，在新的竞争领域中，我们才期待能够带领企业开辟出前进道路的人才出现，这样的人才正是我所说的专家。